CAPITAL SOCIAL ET PRODUCTION AGRICOLE DANS LE SUD-KIVU MONTAGNEUX

Collection « Études africaines »

Forte de plus de mille titres publiés à ce jour, la collection « Études africaines » fait peau neuve. Elle présentera toujours les essais généraux qui ont fait son succès, mais se déclinera désormais également par séries thématiques : droit, économie, politique, sociologie, etc.

Dernières parutions

Telly DIALLO, *Les trajectoires guinéennes : la migration au-delà des chiffres*, 2025.

Eugène Ntondo BUBOTE, *Le père kongo en France, Analyse comparative d'une paternité appliquée*, 2025.

Amadou Sarr DIOP, *Repenser les savoirs sur les conflits en Afrique, L'ethnicité en débat*, 2025.

Amafou Pierre Stéphane DIBY, *Côte d'Ivoire, l'urgence de l'intégrité. Analyse des mécanismes de lutte contre la corruption*, 2025.

Yves-Alain KOUMBA, *L'élection présidentielle gabonaise de 2016, Contribution à une problématique de la construction démocratique en Afrique francophone*, 2025.

Gérard Martin PEKASSA NDAM (dir.), *La fiscalité post-Covid-19 en Afrique subsaharienne francophone. Regards croisés*, 2025.

Mohamed AHMED ISSA, *Politiques linguistiques familiales à Djibouti-ville. Étude de la transmission intergénérationnelle des langues,* 2025.

Khaled AMRANI, *Les oiseaux du Sahara, Précis d'ornithologie saharienne (Algérie)*, 2025.

Hugues Morell MELIKI, Ferdinand MBEN LISSOUCK (dir.), *Communautés et foncier à l'épreuve du capital au XXIe siècle. Dynamiques émergentes en Afrique noire*, 2025.

Pacifique Mushamalirwa Bahogwerhe

CAPITAL SOCIAL ET PRODUCTION AGRICOLE DANS LE SUD-KIVU MONTAGNEUX

Une étude appliquée aux populations riveraines des forêts dans la Chefferie de Kabare

L'Harmattan

5-7, rue de l'École-Polytechnique — 75005 Paris
www.editions-harmattan.fr

ISBN : 978-2-336-54603-2
EAN : 9782336546032

Dépôt légal : février 2026

DÉDICACE

À notre chère épouse Noelly Nabintu Mugaruka et nos enfants Cikuru Michel, Cito Marie-Gabrielle, car sans votre implication, l'aboutissement heureux de ce travail ne serait pas effectif. Vous avez consenti beaucoup de sacrifices à cause de ce travail, mais soyez consolés par sa finalisation.

À toute la progéniture de la famille Tarcisius Chema Kaboneza et nos parents Désiré Bahogwerhe Chema et Vésiane Nzigire M'Bisimwa pour votre amour et soutien irremplaçables à notre endroit.

À notre parrain de mariage Bienfait Shamamba Cizungu pour son soutien moral sans lequel tenir dans cette rédaction nous serait difficile.

REMERCIEMENTS

Ce travail n'aurait pas été possible sans le concours de plusieurs personnes auxquelles nous exprimons notre gratitude.

Nos remerciements s'adressent aux Professeurs Jules Barhalengehwa Basimine, Justin Sheria Nfundiko et John Habamungu Bashwira pour les précieux conseils et encouragements tout au long de notre cheminement. Vos observations et orientations avisées nous ont été d'un précieux apport pour la rédaction de ce présent travail.

Un grand hommage mérité est rendu aux autorités académiques de l'Université officielle de Bukavu, aux membres du corps académique et scientifique du Domaine des Sciences de l'Homme et de la Société, ainsi que les panélistes de différents séminaires méthodologiques, pour l'encadrement dont nous avons été bénéficiaires durant tout le processus de réalisation de ce travail.

Le même sentiment de gratitude s'adresse aux collègues et amis pour leur contribution morale et matérielle dans la réalisation de ce travail.

Ainsi, nous remercions particulièrement nos amis le Dr Éric Ntaboba Mugaruka, Claude Mufariji, Justin Balibuno, Fidèle Burume, Thérèse Bikaya Enjili, Yves Koko Mukuru, Sage Bahati Migabo, Jean Iragi Mateso et Théophile Cimanuka pour leurs conseils très amicaux.

Nos pensées vont tout spécialement à notre famille, en raison de sacrifices innombrables auxquels elle a consenti jusqu'à l'aboutissement du présent travail.

SIGLES ET ABRÉVIATIONS

% : Pourcentage
°C : Degré Celsius
Et al : « Et les autres »
APIDE : Appui-conseil aux Projets et initiatives de Développement endogène
ASBL : Association sans but lucratif
ASF : Action sociale familiale
ASOP : Action sociale et Organisation paysanne
AVEC : Association Villageoise d'Épargne et des Crédits
CEPEGEL : Communauté économique des pays des Grands Lacs
CIAT : International Center for Tropical Agriculture
CIRAD : Centre de Coopération internationale en Recherche agronomique pour le Développement
DEA : Diplôme d'Études approfondies
Ech. : Échantillon
FAO : Food and Agriculture Organization
FSSPA : Faculté des Sciences sociales, Politiques et Administratives
hab/km^2 : Habitat par Kilomètre carré
IITA : International Institute of Tropical Agriculture
INERA : Institut National pour l'Étude et la Recherche agronomique
Kg : Kilogramme
m^2 : mètre carré
Min. agr. : ministère de l'Agriculture
N° : Numéro
OCHA : Office for the Coordination of Humanitarian Affairs
ONG : Organisation non gouvernementale
ONGD : Organisation non gouvernementale de Développement
PAIDEK : Promotion et appui aux Initiatives de Développement économique

PAM : Programme alimentaire mondial
PIB : Produit intérieur brut
PICAGEL : Projet régional de Développement agricole intégré des Grands Lacs
Pop : Population
prob : Probabilité
PUF : Presses universitaires de France
RDC : République démocratique du Congo
SPSS v.25 : Statistical Package for Social Sciences, version 25
UOB : Université Officielle de Bukavu

LISTE DES FIGURES

LISTE DES TABLEAUX

INTRODUCTION

0.1. Objet, choix et intérêt du sujet

Ce travail porte sur le capital social et production agricole dans le territoire de Kabare. L'étude met en évidence l'importance du capital social dans l'accroissement de la production agricole et l'accès aux moyens de subsistance à Kabare.

Quant au choix de ce sujet, il faut noter que ce dernier est un acte subjectif. Il tient compte de goûts personnels, de l'intérêt stratégique, de l'utilité du sujet concerné, etc. (Dépelteau, 2000).

Ainsi, c'est à travers l'observation profonde de la faible production agricole, l'importation de denrées alimentaires de base dans les pays voisins et aux cas d'insécurité alimentaire dans plusieurs entités du territoire de Kabare, que nous avons été poussé à mener cette recherche qui place l'attention sur l'accroissement de la production agricole par les paysans de Kabare en mobilisant le capital social et toutes les formes des connectivités sociocommunautaires.

Cette étude revêt un triple intérêt, notamment : l'intérêt scientifique, social et individuel.

- *L'intérêt scientifique* se trouve dans le fait qu'il contribue à la production des connaissances scientifiques du domaine de la Sociologie rurale. Ainsi, les résultats de cette étude vont constituer un plus quant à l'émergence de la Sociologie rurale en République démocratique du Congo en général et dans la province du Sud-Kivu en particulier.

Elle met en évidence les concepts du capital social, la production agricole, la cohésion sociale et l'action collective.

- Sur le plan *social ou pratique,* cette étude se veut un outil de conscientisation et un guide d'orientation pour les paysans du territoire de Kabare, les organisations de la société civile, les ONG, les centres de recherche qui travaillent sur les questions agricoles.

Ils y trouveront comment ils peuvent renforcer la cohésion sociale, l'entraide mutuelle et définir des objectifs communs et des stratégies communes pour l'accroissement de la production agricole.

- *Sur le plan personnel*, l'utilité de cette étude réside dans le fait que ses résultats nous permettront de comprendre profondément les actions collectives mises en œuvre par les petits agriculteurs en vue d'accroître la production agricole dans le territoire de Kabare en général et dans la chefferie de Kabare, en particulier.

En plus, en tant qu'originaire du territoire de Kabare, cette étude nous permettra d'identifier les facteurs à la base de la faible production agricole et de surcroît source d'un mouvement d'importations de denrées alimentaires de base.

0.2. Revue de la littérature

Pour cette étude, nous avons parcouru certaines publications antérieures et apparentées que nous avons classées en deux principaux thèmes.

➢ ***Premier thème : Le capital social en tant que vecteur de la productivité agricole***

Sous cette thématique, nous regroupons les études menées par Courteny Gallayer et Nancy Karanja ; Pavel Pospěch, Naja Djombo et Atangana Ondoa, Godffrey Nyongesa Nato, Franck Thomas, Lise Latrémouille, Rivera, Barhalengehwa Basimine Jules et Katcho Karume, Thierry Linck, James Bonnen, Sandra Franck et Paul Winters. Ces auteurs se sont intéressés au rôle du capital social dans l'accroissement de la production agricole.

Ils montrent que l'existence d'un capital social fort entraîne des actions collectives bénéfiques à l'accroissement de la production et la relance de l'agriculture de subsistance.

Cependant, ils n'ont pas abordé certains aspects du capital social, notamment : (i) l'encadrement des relations verticales ainsi que les rapports entre acteurs sociaux dans l'accroissement de la production agricole, (ii) les causes de l'engagement individuel de paysans dans les activités de production agricole, (iii), etc.

C'est ainsi que Courtney, Karanja et al. (2013) examinent les relations entre le jardinage en sac, le capital social et la sécurité alimentaire à Kibera.

Ils partent du constat selon lequel, une grande partie du Kenya s'urbanise rapidement et la hausse de prix des denrées alimentaires met la sécurité alimentaire des pauvres dans une position précaire. Suite à ce défi, dans les bidonvilles de Kibera, la population a adopté un jardinage en sac des légumes.

Les auteurs ont utilisé une approche des méthodes mixtes combinant des entretiens qualitatifs avec une enquête auprès des ménages, ainsi que des discussions de groupes avec des agriculteurs et non-agriculteurs.

Ainsi, les résultats de leur recherche ont prouvé que le jardinage en sac augmente le capital social, en particulier pour les ménages qui pratiquent le jardinage en sac en groupes et cela entraîne une augmentation de leur production.

Contrairement à ce premier type d'agriculteurs, ceux qui ne pratiquent pas un jardinage en groupe (faible capital social) n'ont pas une ouverture avec comme conséquence la faible production.

Ils ont aussi constaté que le jardinage en sac des groupes dans les bidonvilles de Kibera a un impact positif sur la sécurité alimentaire des ménages en améliorant la diversité alimentaire des ménages et en réduisant le besoin de recourir à des mécanismes d'adaptation douloureux qui sont utilisés pendant les pénuries alimentaires.

Dans le cadre de notre recherche, ce travail nous inspire en faisant par exemple la comparaison entre l'agriculture périurbaine (au Kenya) et celle rurale (à Kabare).

De leur côté, Pavel et al. (2011) s'appesantissent sur le rôle du capital social dans le secteur agricole tchèque.

Ces auteurs ont testé leur hypothèse sur un échantillon des données primaires et ont fait une analyse des indicateurs sélectionnés du capital social. Ces indicateurs sont entre autres les réseaux sociaux personnels, l'adhésion à des associations agricoles et de l'accès à des sources d'information, etc.

Les résultats de leurs analyses ont prouvé que la présence des liens personnels informels affiche une relation plus forte avec le succès de production dans le secteur agricole tchèque que l'appartenance formelle à des associations agricoles qui ne sont pas souvent encadrées par les pouvoirs publics entraînant une diminution du rendement agricole.

Ils poursuivent en disant que les entrepreneurs agricoles bénéficient de la connaissance personnelle (partage d'expérience, formations et appuis) des personnes importantes et ont tendance à utiliser ces réseaux à leur profit en vue de maximiser la production agricole.

D'autres se forgent des relations sociales avec leurs collègues, des partenaires importants, participent à des réunions, etc., dans le but de faire accroître la production agricole et relever certains défis. Ces chercheurs concluent en affirmant que le capital social joue un rôle relativement important dans la dynamique du secteur agricole tchèque.

Vu que notre recherche examine également l'impact du capital social à la lumière de l'ouvrage de Pavel et ses collaborateurs, leurs révélations scientifiques nous sont d'un intérêt considérable en démontrant comment à travers l'organisation en des réseaux sociaux locaux, les paysans du territoire de Kabare peuvent parvenir à stimuler la production agricole.

À leur tour, Naja et al. (2012) ont évalué l'influence du capital social et du capital humain sur l'efficacité technique des producteurs agricoles en milieu rural au Cameroun.

Ils ont utilisé les données des enquêtes auprès des ménages pour estimer et identifier les niveaux et les déterminants de l'efficacité technique des producteurs agricoles.

Pour y parvenir, un modèle de frontière stochastique de production a été spécifié. La méthode d'estimation des paramètres fut celle du maximum de vraisemblance.

Au terme de leur étude, ils sont arrivés aux résultats selon lesquels l'éducation et l'expérience des producteurs réduisent leur inefficacité technique de 13,9 % dans leur production qui est relativement basse. Tandis que le niveau d'expérience de long terme du producteur diminue son niveau d'inefficacité de 2,5 %.

Cependant, la raison d'appartenir à une association permet à un producteur de baisser son inefficacité de 77,4 %. En d'autres termes, les facteurs d'efficacité sont, entre autres, le capital humain (années d'expérience, expérience de long terme, niveau d'éducation) et le capital social : membres d'une association, raison d'appartenance à une association (Naja et al., 2012 ; Ekou, 2006).

Sur base de ces résultats, ils estiment que le gouvernement camerounais devrait promouvoir la formation des agriculteurs et surtout encourager leur regroupement en association pour améliorer leur efficacité technique et augmenter la production agricole.

Aussi, pour optimiser la production agricole des agriculteurs, les autorités publiques doivent apporter aux agriculteurs une assistance financière et organisationnelle.

Cet article de Mme Naja et al. nous est utile dans la description et la comparaison de l'état actuel des relations horizontales et verticales entre les agriculteurs et les autres acteurs locaux autour des activités agricoles de production.

Également, les écrits de Mr Ekou nous sont importants dans l'analyse des facteurs influençant l'efficacité de paysans dans les activités de production agricole en territoire de Kabare.

Nyongesa et al. (2016) ont analysé l'influence du capital social sur l'adoption des technologies de production agricole au Kenya. Ils partent du constat selon lequel l'adoption de technologies améliorées de production agricole reste faible malgré les efforts de diffusion des gouvernements et organisations non gouvernementales en Afrique subsaharienne.

Sur base du logiciel SPSS.v.17, le coefficient de corrélation linéaire de Pearson et l'analyse de régression ont établi la signification des relations entre les variables et déterminé comment les variables indépendantes influencent les variables dépendantes, mais aussi précisé les aspects les plus importants du capital social qui affectent l'adoption des technologies de production agricole.

À l'issue de leurs analyses, leurs recherches ont prouvé que la participation au groupe et le soutien social sont les deux composantes importantes du capital social qui ont été positivement associées à l'accroissement de la production agricole et ont influencé de manière significative l'adoption des nouvelles technologies par les petits agriculteurs.

À l'inverse, les réseaux sociaux, la confiance sociale et l'action collective n'ont pas influencé significativement l'adoption de technologies de production agricole.

Pour leur part, les écrits de Sabourin, Franck Thomas et al. (2014) ont prouvé que les interactions d'entraide dans le processus de production génèrent des valeurs humaines et éthiques positives exprimées par les agriculteurs à travers l'évocation de sentiments d'obligation ou de solidarité, d'appartenance ou de distanciation, ou encore de confiance.

Ces auteurs estiment que les systèmes de normes et de valeurs générés par les réseaux locaux des agriculteurs constituent des ressources cognitives qui facilitent la coordination de proximité entre agriculteurs.

Ces facteurs de proximité sont renforcés par des ressources de médiation constituées par les conventions partagées qui se cristallisent dans les règles communes adoptées par les collectifs.

Les conclusions de leurs analyses ont montré que l'existence d'un capital social fort entre agriculteurs peut être porteuse des actions collectives de proximité qui sont agencées par ces agriculteurs en mobilisant des processus sociotechniques qu'ils régulent de façon flexible en s'appuyant sur des systèmes de normes, de règles et de valeurs ainsi que sur des institutions juridiques.

Cette recherche nous est utile en ce sens qu'il nous inspire dans l'épuration de l'échelle de mesure pour déterminer les principales dimensions du capital social sur lesquelles les paysans du territoire de Kabare doivent agir afin de stimuler la production agricole.

De son côté, Latrémouille (2010) analyse les implications de l'agir collectif sur l'agriculture paysanne et montre que la privatisation des semences constitue un obstacle sur l'accroissement de la production agricole et un défi à la souveraineté alimentaire chez les paysans agriculteurs.

Il soutient que pour parvenir à maximiser leur production agricole, les agriculteurs paysans doivent s'organiser en réseaux sociaux de partage d'informations, lesquels réseaux leur permettent d'élargir leur champ relationnel, matériel, culturel et financier.

Selon cet auteur, une fois réunis en réseaux, les paysans agriculteurs peuvent créer des banques de semences communautaires pour conserver le patrimoine génétique de semences locales. Ces banques de semences communautaires deviennent alors un centre dynamique d'échange de savoirs et de matériels génétiques entre les paysans agriculteurs qui les gèrent et les contrôlent.

L'auteur montre que ces banques de semences communautaires viennent appuyer le travail que les familles paysannes font dans leur ménage pour conserver les semences afin de permettre une diversité de semences adaptées aux conditions climatiques.

Il poursuit en disant que ces réseaux des paysans permettaient aussi de fortifier le capital social des agriculteurs à travers la création d'un lien entre les chercheurs et les paysans, dans un contexte où les scientifiques sont au service des agriculteurs plutôt que l'inverse, et donnent aux paysans les moyens de protéger, d'utiliser et de contrôler collectivement les ressources agricoles pour accroître leur production alimentaire.

Barhalengehwa et al. (2016) à leur tour examinent les différentes possibilités et moyens pour que les petits agriculteurs relancent efficacement leurs activités agricoles et accèdent à plus de bénéfices dans un contexte d'après-guerre dans le Sud-Kivu montagneux.

La problématique de leur recherche montre que l'action collective comme moyen d'accès aux ressources économiques est devenue faible dans la région du Sud-Kivu montagneux en général et dans le Bushi en particulier malgré la présence de nombreuses organisations communautaires de base.

L'entraide, la solidarité et la confiance mutuelles qui y étaient le soubassement de la dynamique communautaire et des actions collectives de production socio-économique ont sérieusement été affectées.

Sur base d'un modèle d'analyse factorielle en composantes principales, les résultats de leur étude démontrent que trois mécanismes permettent aux petits agriculteurs de relancer leurs activités dans le Kivu montagneux post-conflits, notamment : disposer de petits groupes d'agriculteurs organisés dont le nombre se situe entre 20 et 30 membres, ensuite, promouvoir l'existence d'une asymétrie entre les intérêts et les ressources des acteurs, et enfin susciter de plus en plus les rôles des instances décisionnelles à tous les niveaux des composantes sociales.

Enfin, selon ces chercheurs, il a été démontré que les actions collectives réussies constituent une clé de croissance de la production agricole, l'adoption à grande échelle des technologies, l'accès facile au marché et la réduction des conflits autour des ressources naturelles et principalement la terre.

De leur côté, Rivera et al. (2018) analysent l'effet du capital social sur la capacité d'adaptation des systèmes agricoles pour que les agriculteurs atteignent un rendement de qualité.

Ils sont partis de la question selon laquelle les producteurs des paysages agricoles peuvent accroître leur capacité d'adaptation et rester résilients face aux défis socioécologiques.

Ces auteurs montrent que l'état actuel des connaissances sur l'adaptation de petits agriculteurs à ces défis tend à se concentrer de manière écrasante sur l'adaptation « dure », comme les infrastructures et les intrants technologiques, plutôt que sur des stratégies « plus douces », comme le capital social.

En conséquence, les résultats de leurs enquêtes suggèrent que l'adaptation douce est une stratégie vitale pour cultiver la résilience agricole et sous-tend la capacité des producteurs à utiliser d'autres stratégies d'adaptation douce.

Ils montrent que les liens sociaux, les réseaux, la réciprocité en termes d'entraide, l'apprentissage et le transfert des connaissances constituent des outils clés que les agriculteurs doivent utiliser pour accroître leur capacité d'adaptation et de production de petits agriculteurs.

Thierry Linck (2014) quant à lui réalise une étude comparative de l'impact de l'action collective sur la production agricole au Maroc et en France.

Ainsi, il trouve qu'au Maroc, dans le processus de production agricole, les savoirs locaux, tant techniques que relationnels, sont fondés sur une expérience séculaire et constituent le cadre structurant du rapport à la nature, du rapport à la société locale et, dans une très large mesure, du lien au marché et, en définitive, des territoires ruraux.

Il poursuit en disant qu'au Maroc l'action collective est conçue sous la forme d'une démarche descendante ; c'est-à-dire que c'est l'État (ou ses agences) qui conçoit, impulse, agence et pilote les activités agricoles ; et qu'il est difficile dans ce contexte d'imaginer que l'action collective puisse être l'expression d'un engagement volontaire sur un projet agricole partagé, mis en œuvre dans une démarche de libre concertation entre les acteurs locaux et leurs partenaires éventuels.

Cette situation implique en corollaire une montée en puissance de l'individualisme et un affaiblissement des solidarités communautaires dans le processus de production.

Par contre, en France, poursuit l'auteur, de nouvelles formes d'action collective de proximité émergent entre les agriculteurs. À partir de modalités plus ou moins anciennes (coopératives, associations, regroupements, etc.) se constituent des groupes d'agriculteurs qui élaborent leurs projets de manière collective, de façon inédite et parfois sans accompagnement institutionnel.

Selon l'auteur, en France, l'action collective entre agriculteurs est perçue comme un fait social inhérent à l'activité agricole, car depuis le Néolithique, l'agriculture en France se transforme à travers des processus d'action collective reposant sur un capital fort.

Pour stocker, produire, utiliser l'espace, gérer les ressources communes, échanger, faire face aux risques, les agriculteurs ont développé un capital social fort, se sont organisés collectivement de diverses façons, de leur propre initiative, en adoptant des règles communes construites de manières informelles ou instituées par le droit.

Dans ses exposés sur le développement de l'agriculture et la transformation du capital humain, James Bonnen (1987) estime pour sa part que le capital humain est le facteur stratégique le plus important pour tout développement agricole.

L'auteur montre que l'accès à l'instruction dans les milieux ruraux à travers la scolarisation, l'alphabétisation, l'encadrement de quelque nature qu'il soit fait que les agriculteurs des milieux ruraux améliorent leurs activités agricoles avec comme conséquence, l'augmentation de la production agricole.

Il soutient que la production est 30 % supérieure par rapport à la production initiale quand les chefs des agriculteurs savent ajouter le paramètre capital humain dans le processus de production chez leurs membres.

L'auteur renchérit en disant qu'une nation incapable à long terme de créer des institutions et d'améliorer le capital humain n'aura jamais une agriculture hautement productive et industrialisée.

Et qu'à côté de ce capital humain, les chefs des agriculteurs doivent aussi promouvoir le développement du capital physique pour la protection, la récupération et le développement du sol et de l'eau, etc.

Il estime aussi que dans la plupart des cas, les stratégies agricoles des pays en développement sont désignées comme incomplètes, car elles n'intègrent pas le rôle du capital humain, pourtant qui y mérite une place à part entière, distincte des autres ressources de base capables de faire accroître leur production agricole.

Sandra Franck (2005) estime qu'il y a un certain nombre d'éléments qui caractérisent la présence du capital social. Ceux-ci constituent la partie visible du capital social ; ils réfèrent à la valeur du réseau en termes de potentialité de ressources pouvant être mises à la disposition de ses membres lorsqu'un besoin est manifesté.

Parmi ces éléments, elle cite les réseaux sociaux. Selon elle, l'analyse des réseaux sociaux permet d'appréhender les ressources qui circulent entre différents acteurs sociaux en s'intéressant aux schémas de relation entre eux, autrement dit, en étudiant comment les relations sociales sont structurées et comment elles fonctionnent.

Dans tous les cas, elle montre que l'analyse du capital social sous forme des réseaux sociaux est une approche empirique qui s'intéresse aux relations entre les entités (personnes, groupes) plutôt qu'aux attributs de ces entités comme le fait la méthode traditionnelle des enquêtes sociales.

L'auteur poursuit en disant que les ressources que l'on peut puiser dans les relations sociales prennent autant de formes qu'il y a de besoins, à partir du lien commun sous la forme d'amitié, de solidarité par exemple, jusqu'à son utilisation à titre de moyen d'action sociale et politique (tels que l'action collective, le contrôle social, l'influence sur les comportements, le renforcement des capacités). Il permet la création et la mobilisation des réseaux sociaux qui favorisent l'accès à certaines ressources utiles.

Elle conclut en montrant que le fonctionnement du capital social sous-entend donc que le capital social n'est pas une ressource fixe ou inerte.

Il est produit et circule à travers les interactions sociales ; il se transforme au gré des histoires de vie et de l'évolution de ces interactions ; il peut se dissoudre s'il est mal utilisé ou si les relations se terminent. Le fonctionnement du capital social renvoie donc aux dynamiques relationnelles particulières, aux situations de vie, au contexte sociospatial, etc.

Cet aspect dynamique du capital social est essentiel si l'on veut comprendre comment un tel capital produit des résultats concrets.

C'est une dimension qui amène à poser des questions de type : (i) Existe-t-il des conditions qui permettent ou font obstacle à la mobilisation du réseau social à Kabare ?, (ii) Quels éléments clés sont nécessaires afin d'obtenir qu'un réseau d'organismes locaux s'active et produise des ressources utiles pour la communauté ? ;

Et enfin, (iii) Quelles capacités individuelles ou collectives sont requises afin de transformer une ressource quelconque en résultats concrets ?

Enfin, cherchant à explorer la relation entre le capital social et la diversité des cultures, Winters et al. (2006) ont mené une étude dans une zone d'Éthiopie où la diversité interspécifique est importante.

Les résultats de leur recherche indiquent que la liaison du capital social dans les pratiques agricoles de petits agriculteurs ne conduit pas à une baisse de la diversité des cultures, mais l'augmente en fait, avec comme conséquence l'augmentation de la production issue de cultures. Ce qui suggère que les interventions des organisations formelles ne doivent pas nécessairement conduire à une réduction de la diversité interspécifique.

Cependant, ils poursuivent en disant que ces résultats suggèrent également que les ménages ayant des liens sociaux forts au sein d'une communauté (capital social de liaison) sont moins susceptibles d'être diversifiés, ce qui implique que les politiques qui cherchent à promouvoir une utilisation durable, doivent se méfier de ne travailler qu'à promouvoir une plus grande organisation de base, car cela peut ne pas être le cas.

➢ ***Deuxième thème : Agriculture, production agricole et exploitation agricole***

Dans cette thématique, nous avons mis à profit les contributions des auteurs tels que Bergmann, Nyumbaiza Tambwe, Vwima Ngezirabona, Issoufou H., Kate et Teka1 O., Valéria Hernandz et Phélinas, Mohamed Gafsi, Hiriko Amemiya et Banque mondiale. Ces auteurs ont attelé plus leur attention sur les stress techniques, climatiques et/ou environnementaux qui entourent la production agricole, sur l'intégration de l'agriculture, la situation de l'alimentation et de l'agriculture, etc.

Néanmoins, ils n'ont pas placé une attention particulière sur les contraintes sociales et politiques autour des activités de champs visant l'accroissement de la production agricole.

S'intéressant à la situation de l'alimentation et de l'agriculture à travers le monde, Bergmann a montré que dans les pays en voie de développement, qui sont des pays agraires, le problème de l'alimentation se durcit.

La population s'accroît rapidement tandis que la production agricole augmente lentement. La sous-alimentation chronique y atteint le niveau de la faim aigüe et même de la famine, affaiblissant l'homme, diminuant sa résistance contre les maladies (…).

Selon l'auteur, l'agriculture de ces pays doit augmenter sa production de façon rapide et durable, pour nourrir mieux une population croissante et pour contribuer à l'accumulation de capital de base. Faute de cette contribution, le démarrage d'une évolution économique ne se réalisera pas.

Il propose de nombreux moyens permettant d'augmenter la production, notamment l'amélioration des possibilités techniques et les moyens de production d'origine industrielle (Bergmann cité par la FAO, 1968).

Vu que notre étude passe autant en revue les défis et perspectives autour de la production agricole à Kabare, à la lumière des écrits de Bergmann, ses éclaircissements scientifiques nous sont d'une importance capitale dans l'analyse des contraintes techniques autour d'activités collectives de champ dans tous les sites d'enquête.

De son côté, Nyumbaiza (2018) relève que dans la ville de Lubumbashi, l'agriculture périurbaine est actuellement, de plus en plus, utilisée pour la production agricole.

Cependant, cette agriculture est actuellement affectée par des chocs, les stress et certains changements. Comme stress, il cite la disponibilité limitée des terres, les maladies qui attaquent les plantes, la croissance démographique, la pauvreté, etc.

Ce chercheur passe également en revue les principales cultures pratiquées par les petits agriculteurs et montre que pendant la saison de pluie, des légumes tels que, les feuilles de patates douces, de maniocs et les amarantes sont cultivées.

Par contre, lors de la saison sèche, les choux sont principalement cultivés. L'auteur a mené une enquête sur une centaine d'agriculteurs périurbains et les résultats de sa recherche ont prouvé que la production agricole des agriculteurs avait augmenté.

Elle était passée de trois sacs à neuf sacs de 50 kg par année culturale où tous les membres de familles s'étaient impliqués dans les activités agricoles. Par conséquent, leurs familles sont devenues capables de s'offrir deux à trois repas de foufou de maïs par jour.

Il parachève ses analyses en disant que pour accroître leur production, les agriculteurs urbains utilisent plusieurs stratégies, notamment : le sarclage collectif, l'usage de la rotation des cultures selon les périodes culturales, l'emploi des membres de familles comme main-d'œuvre, la diversification des cultures avec l'idée que si l'une échoue l'autre peut constituer un secours pour la famille.

Dans le cadre de notre recherche, ce travail nous inspire en démontrant comment la disponibilité limitée des terres, la croissance démographique et l'accaparement des terres constituent pour les paysans des obstacles majeurs dans l'accroissement de la production agricole en territoire de Kabare.

Également, il nous encourage dans la description de principales cultures pratiquées par les paysans à Kabare et la production moyenne qui résulte de ces dernières.

Analysant la problématique de l'intégration de l'agriculture du Sud-Kivu à l'est de la RDC, Vwima et al. (2020) ont noté que le secteur agricole des pays de la CEPGL en général et de la RDC en particulier joue un rôle déterminant dans le soutien des économies de leurs populations.

Selon ces chercheurs, le secteur agricole en 2018 a contribué à hauteur de 30,6 % au PIB du Burundi ; 29 % au PIB du Rwanda et de 19,1 % au PIB de la RDC.

Ce secteur joue de nombreux enjeux sociétaux en fournissant l'emploi à la population à raison de 92 % au Burundi en 2018, 67 % au Rwanda en 2018 et 68,7 % en RDC en 2018.

Ils montrent que pour les deux premiers pays (Rwanda et Burundi), le secteur agricole assure la sécurité alimentaire de la population, où l'autoconsommation est primordiale dans la stratégie des ménages agricoles, et des marchés de proximité des produits vivriers approvisionnant les populations urbaines.

Cependant, ces auteurs constatent que la RDC vient en dernière position au niveau de la contribution du secteur agricole sur le PIB à cause de la faible production qui s'y observe. Ils montrent que le secteur agricole fait face à des contraintes structurelles et conjoncturelles qui ne permettent pas aux agriculteurs de maximiser la production agricole.

À ces contraintes, ces auteurs ajoutent aussi la densité démographique élevée, la mauvaise gestion foncière, la réduction des espaces de terres mise en valeur, les contraintes techniques et agroécologiques auxquelles font face la plupart des agriculteurs dans la province du Sud-Kivu montagneux.

Ils renchérissent en disant que la quasi-permanence d'une insécurité alimentaire en RDC en général et dans la province du Sud-Kivu en particulier serait liée à la faible production agricole et est restée un défi à relever pour chaque politique agricole, qu'elle soit régionale, nationale ou locale.

Ainsi, pour que le Sud-Kivu parvienne à accroître sa production au même titre que les deux pays voisins, ces chercheurs proposent des stratégies suivantes : la dotation des infrastructures de stockage et de conservation des variétés agricoles nouvelles, l'usage des techniques agricoles productives, la réhabilitation des routes de déserte agricoles, etc.

Cette étude nous concerne directement, car le territoire de Kabare est une entité du Sud-Kivu et il y a des similitudes en production agricole.

Dans cette même perspective, Issoufou et al. (2017) ont mené une étude sur l'impact de la production du mil amélioré sur la durée de la consommation alimentaire au Niger. À l'issue de leur recherche, une analyse de la perception des agriculteurs sur le nombre de mois de consommation que peut couvrir leur production du mil a été faite.

Les résultats de cette analyse indiquent que la production du mil avait permis de couvrir en moyenne 5,21 mois contre 2,75 mois de consommation respectivement chez les adoptants et les non-adoptants.

L'analyse de la comparaison de moyenne montre donc une différence positive de 2,46 mois de consommation entre les agriculteurs qui utilisent les semences des variétés améliorées du mil et leurs homologues non utilisateurs. Cette différence est statistiquement significative ($P<0,05$).

Ainsi, ces auteurs arrivent à la conclusion selon laquelle en adoptant les nouvelles semences améliorées, la production agricole augmente aussi ; les semences des variétés améliorées accroissent la sécurité alimentaire des ménages ; et donc ces types de semences constituent une alternative pour améliorer les conditions de vie des populations au Niger.

Kate, Teka et al. (2017) ont mis en exergue la variabilité climatique et ses probables conséquences sur les rendements et productions agricoles à l'horizon 2050 dans la Commune de Banikoara au Bénin. Ils montrent que les rendements et productions des différentes spéculations ont été très fluctuants entre 1996-1997 et 2011-2012 et connaîtront une baisse à l'horizon 2050 compte tenu de la dépréciation des indices agroclimatiques.

Le manioc est la culture dont la production et le rendement sont les plus impactés négativement par le processus de variabilité climatique dans le milieu d'étude. Par ailleurs, ils ont identifié les conditions agroclimatiques futures pouvant être très favorables pour le sorgho avec une amélioration du rendement de l'ordre de +9,3 % (diminution de 10 % avec une augmentation thermique de 1,5 °C).

Ces auteurs prouvent que l'Afrique subsaharienne est l'une des régions où le changement climatique a entraîné des conséquences sur la baisse des productions agricoles et une augmentation des risques d'insécurité alimentaire et nutritionnelle.

Et face à cette situation, concluent ces auteurs, il apparaît nécessaire d'adapter le calendrier agricole et plus précisément les périodes de semis de différentes spéculations aux perturbations climatiques constatées dans la commune de Banikoara pour garantir l'accroissement de la production agricole dans le futur et la sécurité alimentaire dans la région soudano-sahélienne.

Quant à nous, ces recherches béninoises sur l'agriculture nous ont aidées à vérifier l'impact des indices agroclimatiques sur le rendement des cultures en territoire de Kabare.

Également, elles nous ont inspirées dans la formulation d'une politique sous forme des prescriptions sociologiques aux différents acteurs afin que les paysans kabarois stimulent leur production agricole.

Hernandz et Phélinas (2012) ont attesté que les petites exploitations dominent le secteur agricole de nombreux pays à faible revenu. Ils avancent que sur les trois milliards de ruraux que compte le monde en développement, les deux tiers cultivent moins de deux hectares.

Bien qu'ils contribuent à l'essentiel de la production, les petits exploitants des pays à faible revenu restent caractérisés par des rendements et consommations faibles, une commercialisation limitée, et regroupent l'immense majorité des petits exploitants les plus pauvres et les mal-nourris de la planète.

Pourtant, renchérissent ces chercheurs, dans de nombreux pays émergents, les petites exploitations agricoles reçoivent l'appui des pouvoirs publics et se sont transformées en entreprises viables.

Ils soutiennent qu'avec l'encadrement des pouvoirs publics et l'acquisition des terres agricoles, les petits exploitants de pays émergents deviennent capables d'affronter les défis autour des activités agricoles, augmentent leur potentiel productif et améliorent le niveau de vie de leurs ménages.

Ces auteurs affirment que l'amélioration des techniques culturales, l'accès à la terre, aux intrants, aux crédits agricoles, la réelle implication de pouvoirs publics dans les activités agricoles, etc., sont autant de mécanismes qui doivent résoudre les problèmes auxquels sont confrontés les petits agriculteurs dans l'exercice de leurs activités visant l'accroissement de la production agricole.

Le travail de Valéria Hernandz et Phélinas nous est utile en ce sens qu'il nous inspire dans la description des défis auxquels les paysans kabarois font face dans l'exercice des activités agricoles.

Également, il nous guide dans la définition d'une politique sous forme de prescriptions sociologiques capables de booster la productivité agricole à Kabare.

Poursuivant sur la même lancée, Mohamed Gafsi (2006) témoigne que depuis la fin des années 90, dans plusieurs pays du monde, l'exploitation agricole n'a pas été adaptée aux exigences de durabilité et de multifonctionnalité de l'agriculture. Pour lui, cela a entraîné la faible production agricole chez les exploitants.

L'auteur a mené une analyse des données sur 70 enquêtes auprès des agriculteurs dans l'est du département du Tam-et-Garonne à Midi-Quercy et est arrivé aux résultats selon lesquels, la valorisation de nouveaux capitaux comme le capital naturel et le capital social permettaient aux exploitants agricoles de surmonter les obstacles auxquels ils faisaient face dans l'exercice de leurs activités agricoles.

Outre ces capitaux, le chercheur estime qu'avec le développement d'une volonté et des capacités d'innovations, l'ancrage dans un système de production diversifiée, l'intégration et l'implication des agriculteurs dans les associations agricoles, ainsi que le développement des compétences nouvelles, etc., influençaient l'action des agriculteurs et constituaient des stratégies qui leur permettaient de maximiser le rendement de leurs activités agricoles.

C'est que nous vérifions également dans le cadre de cette recherche avec un regard particulier fixé sur l'ancrage de paysans de Kabare dans un système de cultures diversifiées.

Hiriko Amemiya (2015) analyse l'agriculture familiale au Japon après la Deuxième Guerre mondiale. Les résultats de sa recherche ont attesté que l'agriculture familiale à très petite échelle persistait au Japon chez de nombreux agriculteurs.

Il affirme que les petits agriculteurs pratiquaient l'agriculture sur de petites exploitations constituées de microparcelles éparpillées en divers lieux à travers les communes et étaient confrontés à plusieurs contraintes, notamment celles environnementales, foncières et commerciales.

De ce fait, l'apport de cette agriculture a été incontestablement plus ressenti chez les riziculteurs qui fournissaient le riz « japonica » dans toutes les communes et assuraient la totalité des besoins en riz de 127 millions des Japonais.

Face à ces défis, les petits agriculteurs japonais ont développé une dimension humaine et relationnelle dans l'exercice des activités agricoles, à la redistribution des terres agricoles par les grands concessionnaires pour ceux qui en avaient moins de 2 ha (réformes foncières).

L'auteur renchérit en montrant que pour parvenir à accroître la production agricole et le revenu de petits agriculteurs, le gouvernement avait protégé ces derniers en faisant voter au parlement une loi qui encourageait la constitution des véritables entreprises agricoles locales capables d'encadrer et de promouvoir des initiatives visant l'amélioration de la production.

Pour stimuler la rentabilité agricole des agriculteurs, le gouvernement les avait dotés aussi des moyens nécessaires, notamment : l'assistance technique, la création des coopératives agricoles, les réformes foncières, la création d'un plan national de financement pour installer un centre d'expérimentation agricole, la diffusion de nouvelles semences et techniques agricoles, ainsi que la transformation des petites fermes familiales en de grandes exploitations agricoles.

Dans son rapport sur l'agriculture durable, la Banque mondiale (2003) avait annoncé que la productivité agricole mondiale avait sensiblement baissé pourtant plus d'un milliard de personnes tirent leur nourriture et leur revenu de la pratique de l'agriculture. Elle estime que lorsque la production agricole est faible (mauvaise récolte), la sécurité alimentaire, les revenus des agriculteurs deviennent aussi faibles, avec comme conséquence : l'accroissement de la pauvreté.

La baisse de la productivité agricole amène les populations à empiéter sur les forêts, l'usage des techniques agricoles non adaptées à l'environnement (les herbages, exploitation intense des marais, etc.).

Cette institution onusienne achève en disant que la situation de faible production agricole à laquelle fait face le monde est essentiellement liée à la dégradation de terres qui affecte, dans une certaine mesure, les deux tiers de terres agricoles.

À ce principal facteur s'ajoutent la sécheresse et les inondations, les inégalités sociales d'exploitation et de jouissance de terres agricoles existantes, la réduction des ressources publiques consacrées à l'agriculture, la faible subvention en termes d'encadrement, d'accès aux crédits agricoles, etc., dont sont victimes les petits exploitants agricoles, etc.

Le constat de cette Banque est intéressant vu que nous nous approprions la situation de faible production agricole en territoire de Kabare et nous examinons les causes du rendement insuffisant dans ce milieu rural du Sud-Kivu montagneux.

En plus, cette recherche passe en revue la production agricole moyenne dans tous nos sites d'enquête et examine la croissance démographique comme étant l'un des défis majeurs autour de la production agricole en territoire de Kabare.

En marge de ce qui précède, notre étude documente l'apport du capital social sur la production agricole dans le territoire de Kabare dans un contexte de vulnérabilité agricole.

Elle tente de comprendre comment à travers les ressources sociales comme la cohésion sociale, la participation communautaire, les stratégies collectives d'adaptation des acteurs, etc., les paysans du territoire de Kabare peuvent accroître leur production agricole et ainsi répondre à leurs besoins alimentaires.

Elle met en évidence l'importance de différentes formes d'activités qui peuvent être générées par un capital social fort, de sorte que ces dernières favorisent des stratégies paysannes collectives et efficaces dans le processus de production agricole à Kabare.

0.3. Problématique

La population mondiale pourrait atteindre 9,7 milliards de personnes en 2050 et un nombre proche de 11 milliards en 2100 (FAO, 2019), et par conséquent, la production agricole devrait augmenter considérablement jusqu'au double.

La production alimentaire augmenterait d'environ 25 % à 70 %, 60 % à 100 % pour répondre à l'accroissement de la population et le changement des habitudes alimentaires d'ici 2050 (Mitchell et al., 2017) ; la production et la consommation agricoles devraient être 60 % plus élevées qu'en 2005-2007 (Alexandratos et Jelle, 2012).

Pendant que la population mondiale augmente, le problème de l'alimentation se durcit dans les pays en voie de développement. La population s'accroît rapidement tandis que la production agricole augmente lentement. La sous-alimentation chronique y atteint le niveau de la faim aigüe et même de la famine, affaiblissant l'homme, diminuant sa résistance contre les maladies (FAO, 1968).

Les terres cultivées n'ayant augmenté que de 13 %, la surface utilisée pour nourrir un homme a pu être divisée par deux, passant de 0,45 ha (ha) à 0,25 hectare. L'intensification de la production agricole a ainsi permis de doubler le rendement végétal par hectare cultivé, de 8 600 à 19 200 kcal/hab. par jour (CIRAD, 2009).

Pour assurer une utilisation plus efficace des ressources et renforcer la sécurité alimentaire, le développement rural et les moyens d'existence, il est essentiel d'accroître la productivité agricole et d'améliorer la qualité des cultures, grâce à des pratiques durables reposant sur des bases scientifiques (Banque mondiale, 2003).

Également, la mise en culture de nouvelles terres, la réduction des phases de repos entre cultures, l'accroissement du nombre de récoltes par an et/ou le développement d'agrosystèmes associant cultures, élevages et plantes pérennes ont permis de faire face à la croissance démographique mondiale et de réduire le pourcentage de personnes vivant dans une situation de pauvreté.

Elle a permis de diminuer le nombre absolu de personnes vivant en situation d'insécurité alimentaire (Makala, 2009 ; Manihiro, 2021).

Avec une population majoritairement rurale, la République démocratique du Congo n'est pas épargnée de cette crise de sous-alimentation liée à la faible production agricole. Plus de 27 millions de Congolais souffrent d'insécurité alimentaire alors qu'ils étaient 13,1 millions en 2018 (Sciolto, 2021).

Les investissements publics dans le secteur agricole congolais restent très faibles, alors que l'insécurité alimentaire progresse (Kashangabuye et al., 2019).

Le pays n'est pas seulement touché par les effets catastrophiques du secteur minier, il est également marqué par la détérioration du secteur agricole ; pourtant l'alimentation représente 62,3 % des dépenses totales des ménages congolais (Min. agr, 2018).

Le pays dispose d'énormes potentiels agricoles, compte environ 80 millions d'hectares de terres arables, dont moins de 10 % sont exploités, mais la production agricole reste faible (Min. agr, 2018).

Le secteur agricole congolais est fortement confronté aux aléas climatiques, techniques et institutionnels qui entravent son développement, entraînent la faible production et plonge la population dans une situation d'insécurité alimentaire (FAO, 2018). Ce secteur comprend d'une part, des millions de petites exploitations agricoles et, d'autre part, des plantations et un nombre limité des fermes modernes.

La production des produits vivriers de base (manioc, riz, mil, bananes, fruits et légumes, etc.) est souvent faite pour l'autoconsommation à travers des méthodes agricoles non adaptées. Les petits agriculteurs cultivent avec des instruments manuels et sont confrontés à plusieurs difficultés techniques et climatiques à chaque saison culturale (Goossens, 1998).

La population rurale est condamnée à une agriculture de subsistance caractérisée par une productivité extrêmement faible, des coûts de commercialisation exorbitants et des marchés quasi inexistants (FAO, 2012).

Ainsi, l'agriculture reste très peu productive. De ce fait, dans la plupart des provinces, les produits agricoles locaux n'assurent pas souvent l'autosuffisance alimentaire.

De nombreux efforts ont été menés par les différents acteurs de la tube agricole (ONG, ASBL, services étatiques, coopératives agropastorales) pour apporter une solution à cette situation en permettant aux agriculteurs d'accéder aux intrants agricoles et à la formation de la main-d'œuvre locale ; mais la production agricole reste toujours faible (Kashangabuye et al., 2019).

Certains chercheurs soutiennent même que la succession de guerres, de pillages, les vols, l'insécurité et les déplacements de populations ont précarisé les Congolais vivant en milieux ruraux et rendu difficile la pratique de l'agriculture ; ce qui aggrave les conditions de vie déjà très difficiles et la faible production agricole (Tombola, 2022 ; Kashangabuye et al., 2019 ; Barhalengehwa et al., 2016 ; Nyaluhaze et al., 2012).

La population rurale pratique une agriculture de subsistance caractérisée par une productivité extrêmement faible et des marchés agricoles quasi inexistants (FAO, 2012). Alors que le pays (RDC) est unanimement reconnu comme doté d'énormes potentialités agronomiques. Il compte environ 80 millions d'hectares de terres arables, dont moins de 10 % sont exploités (Min. Agriculture. RDC, 2015).

Le Sud-Kivu n'est pas épargné également de cette problématique que traverse le secteur agricole congolais.

Plusieurs facteurs structurels et conjoncturels sont à la base de la non-relance du secteur agricole et bloquent l'augmentation de la production. Les petits agriculteurs sont confrontés à des difficultés techniques, sociales et institutionnelles dans l'exercice de leurs activités agricoles (Vwima et al., 2020).

Ils accèdent difficilement aux moyens humains et matériels nécessaires leur permettant de maximiser la production agricole. Il s'observe donc l'absence d'un cadre institutionnel adéquat pour la réalisation de l'activité agricole, pourtant ce dernier est censé définir, orienter, coordonner, encadrer et éventuellement rectifier toutes les initiatives en faveur de petits agriculteurs (Kabamba et al., 2017).

Suite aux contraintes auxquelles les paysans font face dans l'exercice de leurs activités agricoles, la production agricole a sensiblement diminué. 67,2 % de la population sont touchés par l'insécurité alimentaire et cette dernière y est le reflet d'une faible production agricole (Kashangabuye et al., 2019).

La pression démographique, les fluctuations des prix alimentaires et les crises sociopolitiques sont parfois citées comme les facteurs à l'origine de la faible production agricole dans des villages (Bucekuderhwa et Mapatano, 2013).

Ce point de vue est aussi soutenu par Barhalengehwa et al. (2016) qui mettent en évidence que la faiblesse des investissements dans l'agriculture, les conflits armés, la détérioration des infrastructures de base ont été en défaveur de ménages paysans dans l'exercice des activités agricoles.

Dans le Sud-Kivu montagneux, les différentes crises sociopolitiques ont également causé une dégradation des conditions de vie de communautés rurales, la destruction de leur capital social, telles que la faible cohésion sociale, l'entraide, la solidarité et la confiance mutuelles, la destruction et la défaillance des institutions locales de production (Nyaluhaze et al., 2012).

L'accès difficile aux marchés agricoles rentables a été aussi renforcé par ces crises sociopolitiques qu'a connues la région du Sud-Kivu montagneux, toujours à la défaveur de petits agriculteurs.

S'agissant du territoire de Kabare, suite aux crises sociopolitiques dans le pays, le capital social comme moyen d'accès aux ressources agricoles est devenu faible. L'entraide, la solidarité et la confiance mutuelles qui étaient le soubassement de la dynamique communautaire et des actions collectives de production, les rapports sociaux de production agricole ont été significativement affectés (Sanginga et al., 2016).

Il est pourtant reconnu que l'agriculture est un bon choix pour rehausser les plus pauvres. Suite aux effets de ces crises sociopolitiques, les relations de voisinage comme base de la dynamique communautaire ne subsistent que timidement dans le territoire de Kabare (Barhalengehwa, 2014).

Les rapports sociaux de production agricole ont été touchés, entraînant ainsi l'affaiblissement de moyens de subsistance et de la production agricole.

Cet affaiblissement de la production et des cultures est consécutif non seulement aux crises sociopolitiques antérieures, mais aussi à une démographie très galopante estimée à 826 734 habitants et une densité de 1435,7 hab hab/km^2 en 2021 (Chefferie du territoire de Kabare, 2021).

En effet, les membres des villages du territoire de Kabare ainsi que leurs familles ont été décomposés et la solidarité entre eux, autrefois source de stabilité sociale, est sérieusement endommagée. Le tissu social, culturel et économique est au point d'effacement.

Dans certains contextes, la fragilité des institutions politiques et sociales, surtout au niveau local, provoque une faible production agricole. Selon Paul Winters et coll. (2006), en Éthiopie, la non-implication de l'État à travers ses structures formelles dans les activités agricoles a été à la base d'une faible production agricole chez les paysans agriculteurs.

Buchekuderhwa et Mapatano (2013) ont confirmé à leur tour la baisse de la production agricole et la présence de l'insécurité alimentaire dans les territoires de Kabare et de

Walungu suite à l'effacement du capital social et des structures formelles.

Au moment où ces résultats de recherche devraient susciter une attention particulière de la part des décideurs politico-administratifs, on s'aperçoit qu'aucune mesure n'est prise tant au niveau national que provincial.

À Kabare, suite à l'affaiblissement du capital social et des moyens de production, les agriculteurs produisent pour la subsistance et sont confrontés à une diminution très sévère de la productivité par hectare, par are pour toutes les cultures, à une baisse de la fertilité des sols ainsi qu'à une faible participation au marché et souffrent d'une période sans récolte (Buchekuderhwa et Mapatano, 2013 ; Nyaluhaze et al.,2012).

La production agricole et l'élevage ont baissé respectivement de 75 % et 82 % (Barhalengehwa et al., 2016) ; et le nombre de repas par jour pour chaque ménage a baissé.

Il est passé de 1,3 pourtant il était de 1,6 en 2001 (Nyaluhaze et al., 2012). Suite à la faible production agricole, le nombre de personnes en situation d'insécurité alimentaire ne cesse d'augmenter avec un taux de malnutrition aigüe global estimé à 7,4 % en 2012 (ASF, 2012) et de 10 % en 2019 (OCHA, 2019) ; et ce nombre risque aussi de s'accroître si les initiatives de production ne sont pas entreprises.

Cependant, dans une zone qui traverse une situation de crise alimentaire, et dans laquelle le capital social et les capacités de production des paysans ont été fortement affaiblis suite aux effets des crises sociopolitiques, il est important de tester aussi des facteurs purement communautaires afin d'accroître la production agricole.

Par ailleurs, la littérature a montré à travers le monde que lorsque les gens sont cohésifs, veulent travailler ensemble, entreprendre ensemble, etc., ils peuvent aller vers l'augmentation de la production agricole et ainsi améliorer leurs moyens de subsistance (Latrémouille, 2010 ; Pavel et al., 2011 ; Gallaher et al., 2013 ; Franck Thomas, 2014).

L'expérience du secteur agricole de la Corée du Sud, de l'Inde, de la Chine et du Brésil révèle que les exploitants agricoles peuvent accélérer leur production et rattraper les économies agricoles avancées (des pays développés), en mettant leurs capitaux social et humain comme moteur de développement du secteur agricole (Oluwatobi, Olurinola, Alege et coll., 2020).

Au vu de ces débats, la connaissance du rôle que joue le capital social dans l'accroissement de la production agricole suscite beaucoup de questions dans l'esprit de nombreux chercheurs.

Il nous semble donc intéressant de nous interroger sur le capital social des agriculteurs comme facteur déterminant de leur productivité dans le contexte congolais.

C'est dans ce contexte que la présente étude documente l'apport du capital social sur la production agricole dans le territoire de Kabare.

Elle tente de comprendre comment à travers les ressources sociales comme la cohésion sociale, l'entraide mutuelle, la participation communautaire, les stratégies collectives de production, etc., les paysans du territoire de Kabare peuvent accroître leur production agricole et ainsi répondre à leurs besoins alimentaires.

La recherche valorise l'importance des réseaux sociaux issus du capital social dans la consolidation des capacités productives des paysans et l'amélioration de leurs conditions socio-économiques en territoire de Kabare.

Fondamentalement, nous cherchons à trouver la réponse à la question de savoir comment le capital social influence l'accroissement de la production agricole et l'accès aux moyens de subsistance à Kabare.

Autrement dit, nous entendons mener une investigation à la question de savoir comment, à travers les ressources sociales, les paysans du territoire de Kabare peuvent accroître leur production agricole et ainsi répondre à leurs besoins alimentaires.

De manière spécifique, l'étude gravite sur trois interrogations, à savoir :

1) Quel est l'état des lieux actuel du capital social et des actions collectives dans le processus de production agricole à Kabare ?

2) Existe-t-il des contraintes sociopolitiques et techniques qui entourent la production agricole à Kabare ?

3) Quels sont les mécanismes susceptibles de surmonter ces différents obstacles autour de la production agricole à Kabare ?

0.4. Hypothèses

En termes d'hypothèses à nos questions-problèmes, nous présumons que :

H.1. L'existence d'un capital social capable de stimuler l'accroissement de la production agricole à Kabare serait le renforcement simultané de l'entraide mutuelle, la solidarité entre les agriculteurs, et le partage rapide d'informations et d'expériences autour des activités de production agricole.

Ce travail soutient, à la suite de certaines recherches théoriques et empiriques sur le capital social que les interactions entre agriculteurs génèrent des valeurs positives capables d'impulser l'accroissement de la production agricole.

Celles-ci sont unanimes sur le fait que le capital social sous forme de liens, de rapports et réseaux sociaux favorise l'accès à l'information et l'atteinte des objectifs communs au sein d'un groupe (Bourdieu, 1980 ; Coleman, 1999 ; Lallement, 2004 ; Ophie, 2006 ; Latrémouille, 2010 ; Pavel et coll., 2011 ; Gallaher et coll., 2013 ; Franck, 2014,

Barhalengehwa et al, 2016). Une telle affirmation est illustrée, vérifiée et soutenue par les résultats de recherches que nous exposons tout au long de chapitres

H.2. L'état actuel du capital social et des actions collectives dans le processus de production agricole de subsistance à Kabare serait faible. Ceci se justifie par la diminution des activités d'entraide et de solidarité entre agriculteurs, le manque de confiance et de la cohésion sociale entre les acteurs et le manque d'objectifs communs entre les agriculteurs.

H.3. Les contraintes sociopolitiques et techniques fondamentales qui entourent la production agricole à Kabare seraient liées à un certain nombre d'éléments tels que le non-accès aux crédits agricoles, le non-encadrement de petits agriculteurs, l'usage des techniques agricoles non productives, la réduction des espaces agricoles mis en valeur, la non-diversification des semences, les conflits armés antérieurs, la fragilité des institutions politiques et sociales et la démographie très galopante.

Cette troisième hypothèse s'appuie sur des positions qui ressortent des pertinentes études réalisées par des chercheurs tels que Gomgnimbou et al. (2020) ; Mekuria, 2018 ; Kabamba et al., 2017 ; etc., sur les contraintes autour de la production agricole.

Ce qui s'en dégage c'est que, d'un côté, la terre connaît des températures et précipitations variantes, des perturbations de saisons culturales, des périodes de sécheresse impactant négativement la production agricole ; et de l'autre côté, la forte pression démographique, l'accélération de processus d'accaparement des terres, l'usage des techniques agricoles non adoptées, l'accès difficile aux moyens humains et matériels nécessaires ainsi que les désengagements des pouvoirs publics dans les activités agricoles, constituent des menaces graves à la production agricole.

H.4. Les mécanismes susceptibles de surmonter les différents obstacles autour de la production agricole à Kabare seraient la subvention et l'encadrement de petits agriculteurs par les services étatiques, la diffusion de nouvelles semences et techniques agricoles, l'organisation des paysans en réseaux locaux d'entraide, l'accès aux crédits agricoles ainsi que l'acquisition des terres agricoles.

Cette dernière hypothèse s'appuie également sur des recherches antérieures qui soutiennent que l'implication des services étatiques dans l'encadrement des agriculteurs, la diffusion de nouvelles techniques agricoles, l'accès aux crédits agricoles, la création des entreprises agricoles locales capables d'encadrer et de promouvoir des initiatives visant l'amélioration de la production ainsi que la transformation de petites fermes familiales en de grandes exploitations agricoles, etc., permettent aux agriculteurs de surmonter les contraintes auxquelles ils font face dans l'exercice de leurs activités agricoles (Vwima et al., 2020 ; Hiriko, 2012).

0.5. Objectifs de l'étude

Globalement, l'étude cherche à démontrer comment le capital social peut être renforcé afin qu'il favorise un accroissement de la production agricole et l'accès aux moyens de subsistance à Kabare.

Sur le plan opératoire, deux objectifs sont poursuivis par cette étude, à savoir :

- Analyser la dynamique du capital social et des actions collectives dans le processus de production agricole à Kabare ;
- Démontrer les contraintes sociopolitiques et techniques de la production agricole à Kabare.
- Proposer des mécanismes sous forme des prescriptions sociologiques susceptibles de surmonter ces différents obstacles autour de la production agricole à Kabare.

0.6. Méthodologie

Bien que les détails sur le cheminement méthodologique qui a été envisagé pour ce travail soient présentés dans le premier chapitre, il nous paraît indispensable de fixer aux lecteurs les moyens envisagés dans la collecte, le traitement et l'analyse des données de ce travail.

a) **Niveau et méthode d'échantillonnage**

L'échantillonnage a été fait à deux niveaux : celui des associations locales des agriculteurs, les autorités locales, d'une part et celui des ménages paysans, d'autre part.

Ainsi, nous avons fait recours à la méthode d'échantillonnage aléatoire stratifié proportionnel qui nous a permis de regrouper naturellement les membres de différents groupements dans des paquets relativement homogènes appelés « strates » ; la strate étant un groupement.

Pour ce faire, nous avons tiré l'échantillon selon l'importance de chaque strate.

b) **Collecte des données proprement dites**

- **Collecte des données quantitatives**

Pour collecter les données quantitatives, un questionnaire d'enquête a été directement adressé à 384 personnes membres de ménages des petits agriculteurs qui ont été répartis de manière proportionnelle dans les trois sites de recherche. Nous décrivons dans la deuxième section du premier chapitre les modalités qui ont conduit au tirage de personnes enquêtées.

- **Collecte des données qualitatives**

En collectant les données qualitatives au fil du processus de recherche, nous avons recouru à un ensemble d'outils méthodologiques, notamment : l'observation indirecte, le focus group, l'entretien semi-directif et la documentation.

Quant à l'opérationnalisation de ces différentes techniques, les détails sont présentés dans le premier chapitre.

c) **Démarche de traitement et d'analyse des données**

Pour traiter les données quantitatives, nous avons fait recours au logiciel SPSS v.25. Il nous a permis de faire l'analyse descriptive (calcul des moyennes, fréquences, pourcentage), l'analyse factorielle exploratoire en composante principale, les corrélations et régressions ainsi que le calcul du Khi carré (kh2/x^2) afin de déterminer les facteurs sur lesquels il faudra agir pour que le capital social fort favorise l'accroissent de la production agricole dans le territoire de Kabare dans un contexte de vulnérabilité agricole.

Cependant, l'analyse du contenu qualitatif nous a permis de traiter et d'analyser les données qualitatives.

0.7. Délimitation du travail

Cette étude se limite du point de vue spatial, temporel et typologique. -Du point de vue spatial, elle couvre le territoire de Kabare en général et la chefferie de Kabare en particulier. Nous avons porté le choix sur cette entité étant donné que nous sommes originaires et nous y avons observé des situations de vulnérabilité agricole liées à des facteurs techniques et sociopolitiques.

Au plan temporaire, la période allant de 2018 à 2023 concerne notre étude. Cette dernière vise à étudier l'apport du capital social sur la production agricole dans le territoire de Kabare dans un contexte de fragilité agricole.

En effet, l'année 2018 correspond à la période où nous avons fini notre second cycle de formation en Sociologie et est la période où nous avons développé une passion de mener nos recherches dans le monde rural.

Durant cette période, nous avons observé dans le territoire de Kabare en général et spécialement en chefferie de Kabare un mouvement d'importations de denrées alimentaires de base, la dépendance en produits de première nécessité.

Pourtant, il est reconnu que dans les décennies passées, c'est le monde rural qui approvisionnait le monde urbain en produits alimentaires de première nécessité (Bahananga et coll., 2019).

Aussi, il s'est observé durant cette période que le secteur agricole a été confronté à plusieurs défis, notamment les maladies de tous genres qui ont attaqué les cultures, la surexploitation des espaces de cultures existantes, l'usage de techniques agricoles non productives, etc. ; entraînant ainsi la diminution de la production agricole et l'insécurité alimentaire.

S'agissant de l'année 2023, elle est l'année où nous avons été appelés à présenter les résultats de nos recherches par la rédaction de cet ouvrage.

Enfin, du point de vue typologique, ce travail s'inscrit dans le domaine de la Sociologie rurale. Ainsi, à travers cette étude, nous cherchons à ajouter un plus à l'émergence de la Sociologie rurale en RDC en démontrant comment un capital social fort peut être à la base de l'accroissement de la production agricole dans le territoire de Kabare.

0.8. Subdivision du travail

Outre l'introduction et la conclusion, ce travail s'articule sur quatre chapitres qui sont subdivisés à leur tour en sections.

Il s'agit du premier chapitre, qui porte sur les fondements épistémologiques de l'étude, subdivisé en trois grandes sections. La première section a trait au cadre conceptuel de l'étude, la seconde section au cadre théorique et la troisième section aborde la méthodologie de l'étude.

La discussion conceptuelle sera assise sur deux concepts fondamentaux notamment : capital social et production agricole. Nous discuterons aussi des concepts apparentés à cette étude, notamment celui d'action collective.

La construction théorique, elle, aura comme soubassement la théorie du capital social telle que développée par Pierre Bourdieu et complétée par Robert Putnam.

Quant à la balise méthodologique, elle sera ancrée sur la présentation du cheminement méthodologique emprunté dans la collecte, le traitement et l'analyse des données recueillies.

Le second examine les contraintes sociopolitiques et techniques autour de la production agricole dans le territoire de Kabare. Ce dernier est subdivisé en deux sections, à savoir : la première passe en revue la diversité des cultures et la production agricole dans tous les sites d'enquête et la deuxième commente les principales contraintes autour de la production agricole à Kabare.

Le troisième chapitre, quant à lui, s'accentue sur la description de l'état actuel du capital social et des actions collectives autour des activités agricoles de production agricole à Kabare.

Il comporte également deux grandes sections avec des sous-sections. La première section porte sur l'état actuel des interactions sociales, des relations verticales et horizontales dans les activités de production agricole à Kabare.

La seconde section décrit l'état actuel des réseaux d'organisations paysannes locales dans les activités collectives de production agricole à Kabare.

Enfin, le quatrième et dernier chapitre décortique le rôle du capital social dans l'accroissement de la production agricole à Kabare, et connaît trois sections.

La première porte sur la présentation de caractéristiques des enquêtés et analyse bivariée, la seconde sur le renforcement du capital social pour l'accroissement de la production agricole à Kabare, enfin la troisième et dernière section de ce chapitre discute les principaux résultats et formule des prescriptions sociologiques à l'endroit des animateurs des services étatiques, des agriculteurs membres de ménages paysans et des organisations locales.

PREMIER CHAPITRE : FONDEMENTS ÉPISTÉMOLOGIQUES DE L'ÉTUDE

Dans ce chapitre, il est question de discuter les concepts liés aux théories et de là, circonscrire le cadre méthodologique de notre étude. C'est un chapitre essentiellement épistémologique et méthodologique.

1.1. Cadre conceptuel

Dans le processus de recherche, la conceptualisation va au-delà de simples définitions des concepts sur lesquels s'articule l'étude. Elle constitue une construction abstraite qui, au fil de l'étude, permet au chercheur de réaliser un atterrissage empirique (Barhalengehwa, 2014).

Dans le cadre de cette étude, nous faisons recours à trois types de concepts en essayant d'apprêter leurs circonscriptions, leurs composantes et leurs indicateurs. Ces éléments nous permettent de rendre intelligible le fait sous étude en fournissant une modélisation conceptuelle, telle que présentée dans les paragraphes qui suivent. Il s'agit du capital social, de la production agricole comme concepts opératoires et du concept d'action collective comme concept apparenté à l'étude.

a. Le concept de capital social

Le concept de capital social suscite actuellement dans les sciences sociales une abondante littérature critique et jouit d'une double paternité : chez Bourdieu (1980) et chez Coleman (1988). Ce concept a été popularisé par Putman (1995) dans son ouvrage « *Bowling alone* ».

De sa part, Ophie (2006) montre qu'il s'agit d'un concept qui vise à relier le social à l'économique et inversement.

Il poursuit en disant que le capital social est le fruit des relations qui se nouent au sein d'une structure sociale, il ne résulte pas d'une intentionnalité et revêt un caractère collectif. Pour lui, les ressources sociales constituent l'élément central du capital social, lesquelles ressources résultent de l'investissement consenti par l'individu dans ses relations avec d'autres. Ici, le capital social fait donc appel à l'approche des « réseaux sociaux » sous forme de connectivité des relations sociales.

Ainsi, Coleman (1988) pense que le capital social facilite l'action collective, et est un facteur de la sécurité collective. Il découle d'organisations sociales qui rendent possible la réalisation d'objectifs difficilement atteignables, se caractérise par des obligations et des attentes et repose essentiellement sur l'information, à la fois la détention de celle-ci et sa transmission.

L'auteur estime que le capital social est inhérent à la structure des relations entre les personnes et parmi les personnes. Il ne réside ni dans les individus ni dans les équipements de production.

Ce chercheur notant que le capital social revêt trois formes. Il renvoie d'abord au respect des obligations et attentes réciproques qui dépendent du degré de confiance mutuelle au sein d'une structure sociale donnée.

Associé au niveau de confiance présent dans un ensemble social, le respect des obligations implique que dans un groupe où la confiance entre les membres est élevée, la réalisation des attentes d'une partie est « garantie » ou facilitée par l'obligation de l'autre partie de répondre à ces dernières.

Cette première dimension du capital social est à l'origine des travaux qui placent la confiance ou le sentiment de confiance au cœur de l'efficacité de groupes sociaux.

La deuxième forme de capital social renvoie aux canaux de communication informels à même de faire circuler efficacement les informations entre les individus par les relations sociales.

À ce niveau, le capital social, sous forme de liens favorisant l'accès à l'information, a une valeur et une utilité.

Enfin, la troisième forme est l'existence de normes et des sanctions effectives dans les communautés. Ce dernier élément constitutif du capital social favoriserait l'atteinte des objectifs, notamment en permettant une économie dans la gestion de comportements.

En effet, poursuit Coleman, les normes influencent les comportements et facilitent le contrôle social en réduisant le recours à des outils de contrôle formels plus coûteux.

Bourdieu estime pour sa part que la notion de capital social s'est imposée comme le seul moyen de désigner le principe d'effets sociaux.

Selon lui, le capital social correspond à l'ensemble de ressources actuelles ou potentielles qui sont liées à la possession d'un réseau durable de relations plus au moins institutionnalisées d'interconnaissance, ou en d'autres termes, à l'appartenance à un groupe comme l'ensemble d'agents qui ne sont pas seulement dotés de propriétés communes, mais sont aussi unis par des liaisons permanentes et utiles (Bourdieu cité par Lallement, 2004).

Bourdieu (1980) montre que le volume du capital social que possède un agent particulier dépend donc de l'étendue du réseau des liaisons qu'il peut effectivement mobiliser et du volume du capital (économique, culturel ou symbolique) possédé en propre par chacun de ceux auxquels il est lié.

Ce qui signifie que, quoiqu'il soit relativement irréductible au capital économique et culturel possédé par un agent déterminé ou même par l'ensemble d'agents auxquels il est lié, le capital social n'en est jamais complètement indépendant du fait que les échanges instituant l'inter-reconnaissance supposent la reconnaissance d'un minimum d'homogénéité « objective » et qu'il exerce un effet multiplicateur sur le capital possédé en propre.

Angeon et al. (2005) poursuivent en disant que le capital social est l'ensemble de normes et de réseaux qui facilitent l'action collective. Il est donc composé à la fois par des « normes » qui renvoient à un ensemble de règles informelles et aux valeurs des individus, et de « réseaux », inhérents à ses caractéristiques structurelles. Il désigne différents aspects de rapports sociaux.

Et Degenne (2004) estime que le concept de capital social serait incorporé dans les relations entre les personnes, c'est un ensemble de ressources inhérentes aux relations au sein de la famille, dans les organisations communautaires, et qui sont utiles pour le développement. Selon lui, le sens attribué au concept de capital social peut être analysé du point de vue « macro » et du point de vue « micro ».

Du point de vue « macro », l'expression de capital social désigne les ressources partagées par l'ensemble de membres d'un groupe de grande taille ou d'une société. Il inclut les formes de régulation de la vie commune.

Et dans cette acception, le capital social renvoie à des notions générales et donc abstraites telles que des valeurs, des normes qui permettent la vie en société.

En adoptant un point de vue « micro », ce concept peut être conçu comme un ensemble de ressources très individualisées et rattachées aux relations concrètes d'une personne ou d'un ensemble de personnes.

Pour Boudon et al. (2003), le concept de capital social repose sur les ressources qui, bien que détenues par les membres du réseau d'un individu et non par les membres du réseau, sont mobilisables et mobilisées par cet individu pour atteindre un objectif lui permettant d'améliorer son bien-être. Il s'inscrit aussi dans le réseau de relations d'un individu au sein duquel chaque acteur procède à des investissements relationnels différenciés.

Dans ce réseau, le choix d'investir dans telle ou telle relation est une anticipation rationnelle et sa rentabilité dépend du degré de confiance régnant au sein du groupe considéré. Bref, le capital social est fonction de la structure du réseau.

À son tour, Robert Putnam définit le capital social par analogie avec les notions du capital humain et du capital physique, en soutenant que la vie est très facile dans une communauté dotée d'un stock très important du capital social.

Il renvoie aux caractéristiques de l'organisation sociale telles que les réseaux, les normes ou la confiance sociale qui facilitent la coordination et la coopération en engendrant un bénéfice mutuel.

Il renchérit en montrant que les normes de réciprocité et les réseaux qui constituent ce dernier sont donc des atouts majeurs pour le fonctionnement de la société et l'émergence des actions collectives (Robert Putnam cité par Nyaluhaze et coll., 2012).

L'auteur distingue trois dimensions du capital social, à savoir :

- Le capital social affectif (Bonding social capital) : c'est une composante du capital qui se réfère à une sorte de colle qui cimente les réseaux fondés sur le partage d'affinités et d'appartenance commune.

Il s'agit des normes et conventions sociales qui favorisent la coopération et les actions collectives dans un système social bien déterminé.

- Le capital social vertical (Linking social capital) : cette dimension traduit le mécanisme rassembleur et le niveau de structuration des interactions entre les acteurs sociaux.

- Le capital social relationnel horizontal (Bridging social capital) : ce sont des liens et/ou des rapports entre la société et les appareils institutionnels qui la régulent.

Dans le cadre de cette étude, le capital social est appréhendé selon la définition proposée par Bourdieu. Ce capital correspond à l'ensemble de ressources actuelles ou potentielles qui sont liées à la possession d'un réseau durable de relations plus au moins institutionnalisées d'interconnaissance, ou en d'autres termes, à l'appartenance à un groupe comme l'ensemble d'agents qui ne sont pas seulement dotés de propriétés communes, mais sont aussi unis par des liaisons permanentes et utiles.

b. Le concept d'action collective

L'action collective n'a occupé qu'une place réduite dans la sociologie classique tournée vers l'évolution. Elle était déduite de la lutte des classes, ramenée aux conséquences d'une simple dysfonction, etc.

Ainsi, l'action collective doit être entendue au sens de l'action sociale selon Max Weber, c'est-à-dire une action conduite par des individus et orientée significativement vers autrui (Mahindo, 2010).

Les actions collectives ne sont possibles que lorsque les relations entre différents niveaux de la société sont correctement liées de sorte que cela favorise des mécanismes de décision collective (Obershall cité par Kapagama, 2022).

Pour expliquer ce qu'est l'action collective, Howard Becker a développé une approche interactionniste en soutenant que « l'objet que les sociologues étudient est sous forme d'action collective ».

Ils étudient comment les individus agissent ensemble, les gens cherchent à ajuster mutuellement leurs lignes d'action sur les actions des autres perçues ou attendues. Ainsi, on appellera action collective, le résultat de tous ces ajustements (Howard Becker cité par Nyaluhaze et al., 2012).

Elle est donc, selon cet auteur, un processus d'apprentissage et d'expérimentation collective de résolution de problèmes de coordination que rencontrent les membres d'un groupe social dans leurs activités diverses.

Ces processus se traduisent par des formes associatives, des normes de réciprocité qui apparaissent comme construits historiques plus ou moins routiniers, plus au moins stabilisés, mais toujours précaires de ces expériences d'action réciproque.

L'action collective existe lorsque des personnes s'engagent volontairement dans une action commune avec des objectifs clairement définis, une mobilisation commune et très bien cordonnée reposant sur un partage permanent et équitable des informations.

Elle suppose une attention particulière sur les réseaux sociaux qui s'établissent entre les acteurs et toutes les parties prenantes autour d'un problème de société et dans ce cas, les réseaux signifient les liens ou les relations entre les acteurs (Cikuru et al. 2018).

Dans le même prolongement, Barhalengehwa et al. (2016) poursuivent et pensent que l'action collective est un processus collectif de résolution des problèmes rencontrés par les membres d'un système social organisé conformément à leurs objectifs de départ et qui repose spécifiquement sur une conscience collective.

En tant que telle, elle se fonde sur quatre dimensions fonctionnelles dont :(i) l'existence des groupes restreints organisés, (ii) l'asymétrie entre intérêts et ressources des acteurs concernés, (iii) le rôle des sanctions dans des mobilisations des acteurs et enfin, (iv) le rôle de la stratification du système social ou la mise en évidence des niveaux décisionnels.

Chaque dimension contribue à la propulsion des actions collectives, mais à des degrés différents, c'est-à-dire que les quatre dimensions sont fonctionnelles et doivent être mises en évidence dans la compréhension-explication des actions collectives dans diverses circonstances. Selon eux, il y a deux orientations d'analyse de l'action collective.

La première considère les acteurs sociaux et les différentes parties prenantes pris dans une logique horizontale, et la seconde valorise la logique structurale en vertical et met en évidence les rôles de niveaux décisionnels et hiérarchiques dans l'encadrement des actions collectives au sein d'un système social.

Braud (2015) estime que l'action collective est une mobilisation de groupes d'individus tournée en apparence vers des objectifs communs, mais le plus souvent inspirée par des logiques diversifiées auxquelles un mécanisme intégrateur donne une efficacité globale.

Généralement, en sciences politiques, l'action collective exprime une volonté de désaveu voire de résistance à la politique des pouvoirs publics, mais aussi, parfois, une contestation des revendications d'autres groupes sociaux ; elle traduit l'engagement d'un individu dans un mouvement collectif qui vise à satisfaire des aspirations communes à un groupe.

Aussi, elle prend la forme d'une mobilisation d'énergies en vue d'assurer, par l'effort commun, la concrétisation d'aspirations collectives.

Ainsi, selon lui, les motivations multiples qui poussent des acteurs à agir ensemble sont la communauté d'intérêts matériels, mais aussi le partage de valeurs et de « formats de pensée », acquis par socialisation.

Cependant, le principal levier de l'action collective est le sentiment que quelque chose doit être entrepris soit pour sortir d'une situation jugée inacceptable, soit pour éviter sa concrétisation et elle devrait mobiliser tous les individus qui subissent les mêmes inconvénients, malgré que cela soit rarement le cas.

Pour appréhender la notion de l'action collective, Raymond Boudon et François Baurricaud formulent de leur part deux interrogations qui permettent de systématiser la problématique de l'action collective.

La première est celle de savoir sous quelles conditions un groupe latent (c'est-à-dire, un groupe poursuivant des objectifs communs) est capable d'entreprendre une action visant l'intérêt commun de ses membres.

La deuxième s'interroge sur le processus et les conditions selon lesquels un groupe latent peut se transformer en groupe semi-organisé ou en groupe organisé. Ces auteurs montrent qu'en référence à la théorie de conscience de classes de Karl Marx, on peut constituer un début de réponse à ces questionnements.

De ce fait, pour les marxistes, un groupe ne peut être organisé, et de surcroît, déboucher sur des actions collectives, que si les acteurs ont une conscience de classe. Si ces derniers ont pris conscience de leur devenir, ils peuvent entreprendre des activités collectives orientées vers les intérêts de tous. Dans ce cas, la notion de l'intérêt commun devient très indispensable pour que la conscience de classe existe (Boudon et Baurricaud, cité par Barhalengehwa, 2012).

Enfin, d'autres chercheurs estiment que l'action collective désigne toute action concertée d'un ou plusieurs groupes cherchant à faire triompher de fins partagées, c'est lorsque les individus s'unissent pour la défense d'un projet commun. Elle est le fait d'acteurs interactionnels (Fillieule et Pechu, 1993).

Dans le cadre de cette étude, l'action collective est un processus d'apprentissage et d'expérimentation collective de résolution des problèmes de coordination que rencontrent les membres d'un groupe social dans leurs activités diverses et qui se traduit par des formes associatives. Elle est analysée dans cette étude comme étant l'action sociale telle que définie par Max Weber.

c. Le concept de production agricole

Le sens du concept de production et/ou de productivité a évolué et s'est précisé au cours des temps. Le terme est apparu pour la première fois dans un article de Quesnay en 1766. Pendant longtemps, le sens du mot est resté vague.

Cependant, les économistes attachaient déjà au mot productivité, dès le début du XXe siècle, un sens plus précis, celui de rapport mesurable entre produit et facteurs (Quesnay cité par Yai et coll., 2020).

Et Le Littré (1883) donne la définition selon laquelle, la production et/ou la productivité est une faculté de produire. Elle correspond ainsi à la quantité produite pour une culture ou un produit donné (Cachia, 2015).

Cependant, la production peut être classifiée suivant différents critères, notamment selon : la portée de l'activité agricole (à des fins de consommation alimentaire et transformations industrielles), du type de culture pratiquée (pérenne comme les arbres fruitiers, saisonnière, ou annuelle : le maïs) et/ou selon l'objectif de la production (consommation alimentaire humaine, valorisation des sous-produits, vente), etc. (FAO, 2001).

Les physiocrates ont utilisé le concept de productivité à partir du 18e siècle pour décrire la faculté de produire. Les travaux de Quesnay et sa théorie du surplus agricole vont servir de tremplin à cette notion de productivité. Dans le développement de la théorie sur la productivité, un débat va opposer les économistes classiques en l'occurrence Smith et Ricardo.

Contrairement à Smith, qui avait, en effet, une vision optimiste en montrant l'existence de gains de productivité par la division du travail. Ricardo avait montré par une vision pessimiste que la répartition des revenus et la décroissance des rendements dans l'agriculture conduiraient à un état stationnaire (Lewis, 1954).

La productivité agricole est donc une capacité de produire, de rapporter plus ou moins une quantité de biens agricoles en fonction des facteurs nécessaires, notamment : le travail, l'énergie, la matière première (les semences et la terre), capital, etc. (Fouquet, 1999).

La production agricole désigne ainsi le résultat de l'agriculture et de l'élevage. Elle est l'ensemble de pratiques permettant de tirer du sol les produits végétaux qui directement ou après transformation serviront à la subsistance de l'homme.

Elle est donc une représentation qui s'approche de la réalité dont nous disposons sur la manière de penser et de décider des agriculteurs (King-Merton, 1965).

La production agricole est l'ensemble des activités développées par l'homme, qui ont pour objet la transformation de son milieu naturel afin de produire les végétaux et les animaux qui lui sont utiles, en particulier ceux qui sont nécessaires à son alimentation. Ce sont les activités de culture, d'élevage, etc., comptabilisées pour une période donnée (*https://www.thesaurus.gouv.qc*).

Pour Schultz, T. (1964), la production agricole est le résultat de l'exploitation de la terre pour obtenir des biens, principalement des aliments tels que des céréales et divers types de légumes.

Autrement dit, la production agricole est le fruit des semailles et des récoltes au champ pour obtenir, avant tout, des produits comestibles pour la consommation humaine principalement.

Cet auteur estime que l'augmentation de la production agricole résulte d'une part de la combinaison de la terre, le travail, le capital mobilisé et l'amélioration du progrès technique et organisationnel à travers une meilleure qualification de la main-d'œuvre.

De l'autre part, le degré de cohésion sociale, la stabilité politique et le climat de confiance entre les groupes sociaux.

Dixon et Gullier (2001) montrent que l'une des particularités de la production agricole est qu'elle est très dépendante du facteur climatique et est classée de différentes manières. Après avoir passé en revue les différents concepts sur lesquels s'articule notre recherche, leurs dimensions et différentes variables, nous nous efforçons de dégager une synthèse de toutes ces articulations.

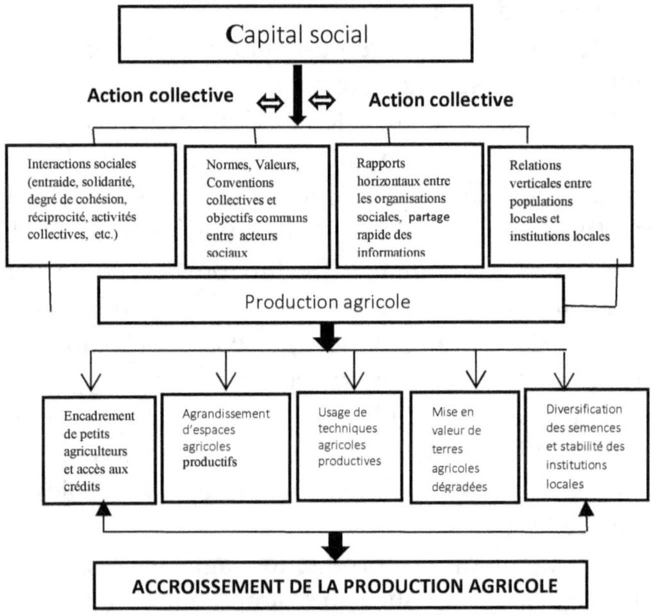

Figure 1 : Schématisation conceptuelle de l'étude

À la lumière de ce modèle conceptuel, il se dégage que la présence des interactions sociales (entraide mutuelle et cohésion sociale) entre les petits groupes d'agriculteurs, l'existence des normes et conventions collectives de production entre les différents acteurs, l'assemblage des rapports horizontaux (réseautage fort) et de bonnes interactions entre les membres de la communauté et les autorités peuvent être fonction du capital social fort et contribueraient d'une manière ou d'une autre à l'accroissement de la production agricole à Kabare, dans un contexte de fragilité agricole.

Ainsi, l'encadrement technique de petits agriculteurs, l'accès aux crédits agricoles, la diversification de semences, la mise en valeur de terres agricoles dégradées, l'usage de techniques agricoles productives, ainsi que la protection de semences et plantes par des moyens modernes, etc., seraient autant des possibilités techniques de la production agricole à Kabare.

La combinaison de tous ces facteurs contribuerait tant soit peu à l'accroissement de la production agricole dans le territoire de Kabare où la production est devenue faible et l'insécurité alimentaire ne cesse d'affecter plus d'un ménage suite aux maux sociopolitiques et techniques.

Nous constatons aussi, de par ce cadre conceptuel, l'articulation de trois niveaux d'analyse. Le premier voudrait que l'on considère que l'existence d'un capital social fort favoriserait l'accroissement de la productivité des espaces agricoles existante dans un contexte de fragilité agricole dans le territoire de Kabare. Cela serait possible en travaillant respectivement sur les quatre dimensions du capital social.

En deuxième lieu, il s'observe que si le capital social est fort, cela permettrait de passer à la deuxième étape, celle d'induire la production agricole à travers l'encadrement technique de petits agriculteurs.

Le troisième et dernier niveau conceptuel connecte la production agricole à l'accroissement de celle-ci. Ceci, en passant par ses différentes dimensions, dont l'usage de techniques agricoles productives, la mise en valeur des terres agricoles dégradées, etc.

En bref, l'aboutissement à l'accroissement de la production agricole à Kabare serait fonction d'un capital social fort capable de conduire à des activités collectives de production et de possibilités techniques qui favoriseraient un réel encadrement technique de petits groupes d'agriculteurs.

1.2. Cadre théorique de l'étude

La théorie est l'ensemble de termes de définitions et de propositions en relation les uns avec les autres qui proposent une systématique d'un phénomène dans le but d'interpréter et de prédire (Angers cité par Kapagama, 2022).

Ainsi, pour expliquer le fait social en étude, nous avons souscrit à la théorie du capital social de Pierre Bourdieu.

Les recherches en sciences sociales ont montré que le capital social correspond à l'ensemble de relations sociales afférentes à un acteur et diffère de toutes les autres formes de capitaux (Sophie, 2006).

Lallement (2004) écrit à ce sujet en montrant que l'existence de la confiance, l'organisation en des réseaux et le maintien de flux de réciprocité, les individus membres d'une même communauté et des institutions peuvent atteindre le plus efficacement et le plus justement possible des objectifs communs.

Dans « *Les formes de capital* », Pierre Bourdieu distingue trois formes de capital : capital économique, culturel et le capital social. Il définit le capital social comme « l'ensemble de ressources actuelles ou potentielles qui sont liées à la possession d'un réseau durable de relations plus ou moins institutionnalisées d'interconnaissance (Bourdieu, cité par Caleman, 1988).

Il montre que le capital social ne saurait suffire pour expliquer la hiérarchie sociale : son rôle est principalement un rôle de démultiplicateur pour les deux autres capitaux.

Pour filer la métaphore économique, le rôle du capital social est de faire fructifier le capital économique (par exemple, l'entrepreneur qui possède un « réseau » et grâce à celui-ci il accroît ses profits, qui lui permettent d'élargir plus encore son réseau, etc.) et le capital culturel (par exemple, un professeur qui, en assistant à de multiples conférences, accroît son aptitude à la réflexion en la confrontant à d'autres interlocuteurs, etc.)

Putnam (2000) ajoute que le capital social « se réfère à la valeur collective de tous les "réseaux sociaux" et les inclinations qui résultent de ces réseaux pour faire des choses l'un pour l'autre ».

Cette notion appelle l'existence d'une certaine importance placée dans des cérémonies, valeurs ou normes mises en commun entre les membres d'un groupe qui permettent la coopération entre eux.

Il est un ensemble d'attitudes et de dispositions mentales qui favorisent la coopération dans la société, et qu'en tant que tel, le capital social est sémantiquement équivalent à l'esprit de la communauté.

Ainsi compris, Bourdieu place la source du capital social, pas simplement dans la structure sociale, mais dans les raccordements sociaux. Le capital social n'est pas rattaché à l'individu, mais permet de rendre existantes et de caractériser les relations entre individus.

Pour l'accroissement de la production agricole dans le territoire de Kabare, les petits agriculteurs doivent développer un capital social fort en établissant de fortes interactions entre eux-mêmes et avec d'autres acteurs locaux, nationaux ou internationaux œuvrant dans le secteur agricole.

Ces interactions leur permettront de savoir les forces et faiblesses qui s'observent dans leurs activités productives. Aussi, par ces interactions, ils développeront une dimension relationnelle en mettant l'accent sur la nature du rapport, la confiance et la coopération entre eux-mêmes et d'autres partenaires ; ainsi que leur connexion à des réseaux.

Tout en étant dans un système de réseaux, ces acteurs doivent maintenir une communication nécessaire pour exploiter et utiliser parfaitement leur capital social. Par des actions collectives et en s'échangeant des informations, ils identifieront en commun des problèmes à la base de la vulnérabilité agricole à Kabare et trouvent des solutions appropriées à ces derniers.

Bourdieu insiste en disant que la théorie du capital social regroupe les relations et les réseaux d'entraide qui peuvent être mobilisés à des fins socialement utiles dans une société.

Et pour rendre plus explicites les écrits de Bourdieu, James Coleman montre que le capital social comprend des obligations et des attentes, la confiance, le potentiel de l'information, des normes et des sanctions, les rapports d'autorité, les organisations sociales et les réseaux sociaux (Coleman cité par Sophie, 2006).

Selon lui, le capital social se développe en fonction de trois dimensions que nous considérons comme des postulats, à savoir :

1°) Les obligations et attentes réciproques : qui dépendent du degré de confiance mutuelle au sein d'une structure sociale donnée. Ce postulat réfère au rôle que jouent les interactions sociales structurées entre acteurs dans une communauté.

Les interactions sociales structurées correspondent ainsi à un niveau très élevé des rapports entre des unités sociales singulières dans un système social bien déterminé (Aron cité par Nyaluhaze et al., 2012).

Par ce postulat, présumons que dans les activités de production agricole à Kabare, tous les acteurs doivent être caractérisés par des flux d'interactions entre eux en se faisant confiance, en instaurant la cohésion sociale. Les échanges des expériences, l'entraide mutuelle et la pratique des activités agricoles communautaires doivent les caractériser pour accroître la production agricole.

Par ce flux d'interactions permanentes, leur conduite doit être influencée par la perception qu'ils ont de la signification des activités agricoles de production.

Chacun des acteurs doit s'adapter au comportement des autres acteurs dans le processus d'exploitation agricole afin d'accroître sa production. Tout en étant en interaction, ces acteurs doivent aussi chercher à savoir depuis quel moment leurs interactions se sont intensifiées ou affaiblies, quels facteurs en ont été à la base, etc.

La valeur des interactions entre tous ces acteurs constituerait un capital social fort capable de booster la production agricole dans le territoire de Kabare.

2°) L'existence d'un système légal : Il s'agit ici d'un cadre juridique qui va assurer le respect de certaines normes. Autrement dit, selon Bourdieu, ce postulat correspond à un ensemble de normes que les membres d'un groupe social mobilisent pour agir collectivement et transformer leur environnement.

On peut dire que c'est un niveau explicatif qui consiste à repérer l'existence des sanctions spécifiques pour les acteurs qui se retranchent de la ligne de conduite et qui ne s'obligent pas à marcher selon la logique du groupe.

C'est donc un postulat qui porte sur l'ensemble de principes et obligations assignés aux membres pour le bon fonctionnement de leurs regroupements et pour leur maintien.

Les recherches ont prouvé que ce postulat constitue une véritable illustration du capital social d'une communauté et de surcroît du niveau mésosociologique du capital social. La communauté signifie ainsi qu'un nombre de personnes vivent ensemble, ont des valeurs sociales communes, des normes et, ont développé des conventions collectives intériorisées par les membres (Sophie, 2006).

Et il a été démontré que ce sont ces variantes qui facilitent la coopération entre les acteurs, et de surcroît, les actions collectives (Barhalengehwa, 2014). Pourtant, les actions collectives réussies résultent d'un capital social fort.

Cependant, tout en poursuivant un intérêt commun, celui d'accroître la production agricole, tous les acteurs œuvrant dans le secteur agricole à Kabare devraient savoir que la vie sociale n'est pas seulement conventionnelle.

Ces derniers doivent disposer d'un corps des normes qui régissent leurs activités productives et leurs regroupements respectifs pour leur bon fonctionnement, c'est-à-dire que le rôle des sanctions codifiées ou non codifiées exercerait une pression sur le comportement social de tous les acteurs sociaux impliqués dans les activités de production agricole à Kabare.

Ils définiraient les sanctions qui seront réservées à des membres qui ne participent pas convenablement à des activités collectives de production (qui ne s'impliquent pas correctement dans la dynamique collective) et détermineraient comment doit s'y appliquer chaque membre afin de déterminer le niveau de participation volontariste de tous les acteurs.

Nous présumons à ce niveau que l'efficacité d'un appareil normatif dans un système social donné dépend du cheminement de sa préparation.

3°) **L'existence de canaux de communication informelle** : capables de faire circuler efficacement les informations. Ce postulat constitue un paramètre important sur lequel il faut travailler pour que le capital social fort soit envisagé chez les petits agriculteurs du territoire de Kabare.

À en croire Bourdieu, ce postulat renferme les deux dernières dimensions du capital social. Il s'agit selon Bourdieu des rapports horizontaux entre les différentes organisations sociales et les relations verticales entre les membres de la communauté avec les différentes institutions politico-administratives.

Afin d'avoir la contribution d'un nombre maximum d'acteurs sur la poursuite d'un intérêt commun et d'une vision collective, celle d'accroître la production agricole, les responsables de différents regroupements des petits agriculteurs engagés dans les activités agricoles à Kabare doivent organiser la tenue des réunions régulières où tous les membres des regroupements participent en vue de la mise à jour des stratégies opérationnelles de leurs regroupements et de leurs activités agricoles.

Et il a été démontré que lorsque les synergies fortes entre organisations sociales existent dans le milieu, cela peut influer sur une transformation positive de celui-ci et dans le cas d'espèce, promouvoir des actions collectives de production agricole (Barhalengehwa et al., 2016).

Ces canaux de communication doivent être organisés à deux niveaux complémentaires et non contradictoires. Il s'agit du premier qui concernerait les relations verticales entre les paysans petits agriculteurs avec les différentes organisations locales de développement et certaines institutions politico-administratives ayant l'agriculture dans leurs attributions.

Barhalengehwa et al. (2016) estime que le rôle des leaders communautaires et les autorités politico-administratives sont essentiels dans le développement et la mise sur pied des actions collectives efficaces surtout au niveau local.

Du deuxième niveau qui doit porter sur les interactions entre les différentes organisations locales, nationales et internationales de développement avec les paysans membres de la communauté. Ces dernières apporteront des informations sous forme de l'énergie souvent exogène qui pénètre dans la communauté paysanne sous forme d'encadrement. Cette énergie doit englober des informations comme des innovations techniques et sociales capables d'influencer positivement les acteurs afin d'accroître la production agricole à Kabare.

Enfin, Bourdieu, porté à identifier quatre conséquences négatives du capital social (exclusion des étrangers, réclamations d'excès sur des membres de groupe, restrictions à la liberté individuelle, et normes de mise à niveau de haut en bas), il soutient que ces conséquences et la nature inégale de l'accès au capital social doivent être équilibrées contre la vue optimiste.

Donc le capital social paraît utile comme outil de l'analyse de la transformation sociale.

Cette théorie de Pierre Bourdieu nous amène à comprendre que l'existence des relations fortes, l'existence d'un corps de normes codifiées ou non codifiées, le maintien de la cohésion sociale et l'exercice des activités agricoles communautaires entre les petits agriculteurs et tous les autres acteurs du secteur agricole à tous les niveaux peuvent conduire à l'accroissement de la production agricole dans le territoire de Kabare.

Un capital social fort favoriserait des actions collectives capables d'impacter positivement la production agricole dans le territoire de Kabare en général et dans la chefferie de Kabare en particulier dans un contexte post-conflit et de vulnérabilité agricole.

1.3. Méthodologie de l'étude

1.3.1. Zone de recherche et choix des sites de recherche

a. Zone de recherche

Notre zone d'étude est le territoire de Kabare. Il est situé dans la partie montagneuse de la province du Sud-Kivu, à l'est de la République démocratique du Congo, au sommet de hautes montagnes (Altitude : 1460 et 3 000 m). La plus basse atteint 1 420 m avec une altitude moyenne de 2 225 m et sa latitude Sud est de 2° 30′ et 28° 45′ de longitude Est. Dans la basse altitude, il y a un climat tempéré par le lac Kivu et la Rivière Ruzizi. Dans la haute altitude vers l'ouest, il y a un climat froid d'altitude. Deux saisons dominent ce territoire, la saison sèche et la saison des pluies (Logistic Cluter et WFP, 2019 ; Ndjadi et al., 2021).

La saison de pluies qui s'étend du mois de septembre jusqu'au mois de mai (soit 9 mois). Les trois mois de saison sèche se caractérisent par un temps brumeux accompagné de brouillards et s'étendent du mois de juin jusqu'en août (soit 3 mois). La température moyenne est de 22, 6° (Service d'Archives de la chefferie de Kabare, 2023).

Ce vaste territoire comprend les chefferies coutumières de Kabare avec 14 groupements et celle de Nindja avec trois groupements. Il est limité au nord par le territoire de Kalehe via la rivière Nyabarongo, au sud par le territoire de Walungu à travers la rivière Kazinzi et la rivière Lubimbe, à l'est d'une part par la ville de Bukavu, le lac Kivu et par la rivière Ruzizi d'autre part et à l'ouest par le territoire de Shabunda à travers la rivière Lugulu (CAID, 2016).

Les pluviosités varient entre 1300 et 1800 mm, et généralement elles augmentent avec l'altitude pendant que la température diminue (Ndjadi et al., 2021 ; CAID, 2016 ; Logistic Cluter et WFP, 2019). Actuellement à cause de la perturbation climatique due à des facteurs comme la déforestation, l'on remarque que la saison sèche devient de plus en plus longue.

Cela fait que même le calendrier agricole n'est plus facile à maîtriser et que la période de semis apparaît précaire suite au manque de pluies régulières (Kabamba et al., 2010). Les paysans sèment et souvent les semences brûlent et ne poussent plus, comme conséquence, une faible production agricole.

De ce fait, les cultivateurs ne cultivent plus pour gagner et épargner, mais plutôt pour l'autosubsistance (Mufungizi, Cikuru et al., 2019 ; Aksanti et al., 2018). En plus de cela, il y a existence des insectes et ravageurs des plantes, et les bonnes terres sont dégradées par l'excès d'usage par les populations, leur mise en culture permanente non composée par les méthodes culturales appropriées.

Cependant, on s'accorde à reconnaître avec Mufungizi, Cikuru et al. (2019) ; et Aksanti et al. (2018) ; Kabamba et al. (2010) qu'à l'origine le sol de Kabare était riche en minéraux et en matières organiques. L'appauvrissement récent est dû à l'action humaine, les terres agricoles sont dégradées par l'excès d'usage par les populations (Aksanti et al., 2018).

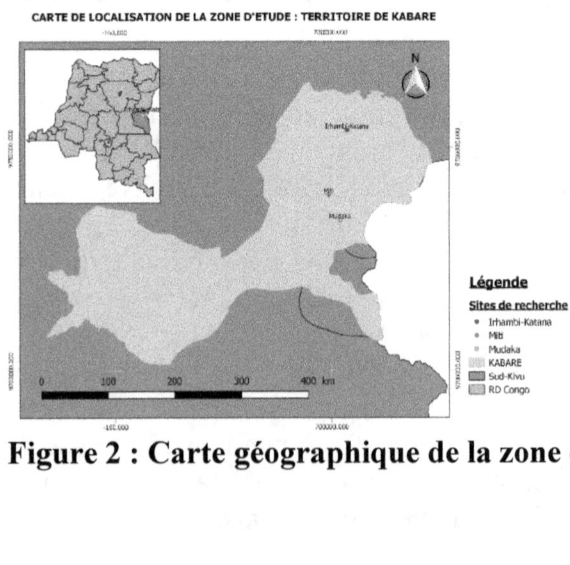

Figure 2 : Carte géographique de la zone d'étude

a) Sites de recherche

Le choix des sites d'enquêtes n'a pas été fait au hasard. Nous avons choisi les sites d'enquête en fonction d'un certain nombre des critères, tel que la proximité du groupement au lac et à la forêt.

Le premier exercice consistait à recenser et à lister tous les groupements du territoire de Kabare qui sont proches de la forêt et du lac à la fois pour avoir une base de sondage des sites de recherche.

Est venue la deuxième étape qui consistait à mettre dans un panier les noms des groupements sur les bouts de papier et nous choisissions aléatoirement les groupements dans lesquels sont menées les enquêtes comme sites de recherche.

Enfin, la troisième et dernière étape consistait à mettre toujours dans un panier les noms des villages des groupements retenus sur les fractions de feuilles et nous choisissions aléatoirement les villages retenus comme sites de recherche.

Les villages choisis sont ceux qui ont été considérés comme sites d'enquête. Au total, 13 villages répartis sur trois groupements ont été retenus comme sites de recherche.

Ainsi, la recherche est effectuée dans les groupements de Mudaka, Miti et Irhambi-Katana dans la chefferie de Kabare, comme sites d'enquête.

Dans le groupement de Mudaka, les recherches ont été menées dans les villages de Cinjoma, Cirholere, Cituzo, Cibumbiro et Kashunguri. S'agissant du deuxième site (le groupement de Miti), les recherches ont été effectuées dans les villages de Cibinda, Kashusha, Kakenge et Miti-Centre.

Et enfin, pour ce qui est du groupement d'Irhambi-Katana, les recherches ont été faites dans les villages de Katana Centre, Mwanda, Kadjucu et Kabamba.

Voici les caractéristiques de ces sites de recherche :

- L'activité économique principale reste l'agriculture de subsistance ;
- La dégradation des terres causée par leur surexploitation suite à la pression démographique ;
- Ces sites sont dominés par la présence de quelques organisations (associations) et centres de recherche locaux du domaine de l'agriculture ;
- Leurs positions géographiques ou géoclimatiques : certains de ces sites sont proches du lac Kivu et d'autres de la forêt et du lac à la fois.

1.3.2 Niveau, méthode d'échantillonnage et taille de l'échantillon

a. Niveau et méthode d'échantillonnage

L'échantillonnage a été fait à deux niveaux : au niveau des ménages paysans d'une part, et des associations locales des agriculteurs et des autorités locales, d'autre part. Selon ce niveau, la méthode d'échantillonnage a été aléatoire.

Dans l'échantillon au niveau des ménages paysans, les critères de choix des enquêtés étaient l'appartenance à un regroupement paysan et l'exercice de l'agriculture à petite échelle comme activité principale.

Dans le souci d'obtenir un échantillon représentatif de petits agriculteurs membres de ménages paysans dans la chefferie de Kabare, une procédure d'échantillonnage aléatoire stratifié proportionnel a été appliquée en premier lieu. Sur ce, les sites d'enquête regroupés en 13 villages ont constitué os strates.

Cela dit, nous avions retenu trois grandes strates qui correspondent aux trois zones d'enquête choisies dans notre milieu d'étude et chaque strate a été découpée en sous-strates. Les sous-strates correspondent aux différents villages dans lesquels les enquêtes ont été effectuées.

Le but d'appliquer cet échantillonnage stratifié est de s'assurer d'une part que chaque site d'enquête sélectionné par l'étude est bien représenté dans l'échantillon, et d'autre part, que notre échantillon comprendra un nombre suffisant de chacune des situations qui nous intéresse en priorité.

Par cette méthode d'échantillonnage, il s'agissait de découper la population de ces trois groupements en groupes ou strates et réaliser un échantillon aléatoire au sein de chaque strate.

De ce fait, nous avons recueilli les données démographiques officielles des groupements de Mudaka, de Miti et d'Irambi-Katana afin de déterminer l'échantillon le plus représentatif que possible dans les différents sites d'enquête sous étude. Les données statistiques par rapport à la population totale de ces trois groupements en 2021 sont reprises dans le tableau ci-dessous :

Tableau 1 : Données démographiques des sites d'enquêtes

Groupem ents	**Mudaka**		**M iti**	**Irham bi-Katana**		
Population totale	H	11 4 30	H	5259	H	19 70 2
	F	11 3 00	F	6132	F	20 80 1
	G	146 91	G	10 220	G	27 06 5
	F	14 7 69	F	9638	F	34 63 8
Total	-	**52 2 90**	-	**31 249**	-	**102 2 06**

Source : Bureau d'état civil de la chefferie de Kabare, Rapport 2021.

Quant au deuxième niveau (associations locales d'agriculteurs), pour pallier les limites de la première méthode, nous avions recouru à la table de nombres aléatoires (méthode de lotos) telle qu'édictée par Chevalier et Bucles (2008) ; Freyssinet (1997).

En faisant recours à cette méthode, le premier exercice consistait à recenser et à lister toutes les associations des agriculteurs qui existent dans les différents sites de recherche pour avoir une base de sondage.

Nous avons trouvé au total 20 associations et nous avons choisi seulement douze d'entre elles pour les enquêtes. C'est en fonction d'une telle base que nous avions à tirer les associations qui ont été concernées par nos enquêtes.

Est venue la deuxième étape qui consistait à mettre dans un panier les noms des associations sur les bouts de papier et nous choisissions aléatoirement les associations locales des agriculteurs qui ont été enquêtées dans les différents sites de recherche. Les associations choisies sont celles qui ont participé à nos discussions.

a. Détermination de la taille de l'échantillon

La détermination de la taille de l'échantillon a été résolue au moyen de la formule d'échantillonnage de Krejcie et coll. (1970) avec un niveau de confiance de 95 %.

$$S = X^2 \times NP(1 - P) \div d^2(NP\text{-}1) + X^2$$

S (n) : est la taille de l'échantillon ;

N. : est le nombre total de la population dans les trois sites d'enquêtes (en 2021) ;

X^2 : la valeur de tableau du khi-carré pour 1 degré de liberté au niveau de confiance souhaité (3,841)

P : la proportion de la population (supposée être de 0, 50, car cela fournirait le maximal de l'échantillon ;

d (ԁ) : est la marge d'erreur supposée être de 5 %. $n = \frac{3{,}841 \times 185745 \times 0{,}5(1-0{,}5)}{(0{,}05)2\ (185745-1)+3{,}841 \times 0{,}5(1-0{,}5)} = 383{,}8$; soit 384 membres des ménages paysans à enquêter dans tous les sites d'enquête en territoire de Kabare.

Cette taille d'échantillon est répartie dans les sites comme suit :

Tableau 2 : Répartition de l'échantillon par site d'enquête

S ites	Mudaka		Mi ti	Katana		Total		
n	N	n	N	n	N	N	N	n
	52 290	1 09	31 249	6 4	102 206	2 11	185 745	3 84

Source : Nos confections, mai 2023.

1.3.3. Collecte des données proprement dites

1.3.3.1. Collecte des données quantitatives

Le questionnaire d'enquête a été l'outil primordial de la collecte de données auprès de petits agriculteurs membres des ménages paysans dans les différents sites de recherche.

Ainsi, pour collecter les données quantitatives, un questionnaire constitué de 39 questions a été directement adressé à 384 membres des ménages paysans et qui étaient répartis de manière proportionnelle dans les trois sites de recherche.

Ce questionnaire comportait principalement quatre parties portant respectivement sur les caractéristiques sociodémographiques des enquêtés, les principales contraintes sociopolitiques et techniques de la production agricole à Kabare, l'état actuel du capital social et des actions collectives dans le processus de production agricole de subsistance à Kabare et enfin, l'impact du capital social sur la production agricole à Kabare. Le questionnaire d'enquête en soi comprenait des questions fermées et celles qui étaient ouvertes.

Un nombre très réduit de personnes (4) a été défini et mobilisé pour cette activité de collecte des données quantitatives sur le terrain. Pour cela, une formation a été préalablement organisée pour elles pour leur démontrer le bien-fondé de l'enquête. Les critères de sélection de ces personnes étaient entre autres :

(i) la maîtrise parfaite des sites de recherche et de la langue locale (le mashi), (ii) la possession d'un diplôme d'études supérieures et/ou universitaires en sciences sociales, humaines et environnementales, et enfin, (iii) la volonté manifeste d'accepter les frais de transport que nous avions disposés pour cette activité de collecte des données.

1.3.3.2.Collecte des données qualitatives

Pour collecter les données qualitatives au fil du processus de recherche, nous avons recouru à un ensemble d'outils méthodologiques dont :

- **L'organisation des focus groups** :

Par cette technique, nous avions réalisé trois discussions de groupe avec les petits agriculteurs membres des ménages paysans et des associations paysannes dans les trois groupements concernés par notre recherche.

Les sujets qui ont été discutés dans ces focus groups ont porté respectivement sur : (i) les engagements communs de paysans en vue d'accroître la production agricole à Kabare et sur (ii) les contraintes auxquelles font face les paysans dans l'exercice des activités agricoles.

Nous avons désigné par là une méthodologie d'entretien de groupe et nous y avons invité entre 8 et 10 participants qui ont été évidemment méticuleusement sélectionnés sur base de critères comme l'appartenance à un regroupement paysan. Nous avons organisé trois réunions de recherche en raison d'une discussion de groupe dans chaque site (groupement).

- **L'organisation des interviews, directives ou *standardisées*** :

Avec l'entretien semi-directif, nous avons échangé avec les responsables des associations locales des agriculteurs et les autorités locales sur les possibilités sociales bienfaisantes à l'accroissement de la production agricole ainsi que sur les principales contraintes sociopolitiques et techniques à la base de la vulnérabilité agricole à Kabare.

Autrement dit, les thèmes de discussion de cette recherche ont porté respectivement sur l'état actuel des activités collectives dans le processus de production agricole, les contraintes autour des activités agricoles et enfin, sur l'accroissement de la production à travers les possibilités sociales.

Selon un guide d'entretien bien élaboré, nous arrêtions l'enquêté chaque fois que celui-ci voulait déborder du cadre prédéfini ; c'est-à-dire que veillions à rester strict dans le cadre de ce guide.

À chaque début de l'entretien, nous étions obligé de nous présenter à l'interviewé. À cet effet, nous avions démontré clairement aux interviewés qui nous sommes, pour qui nous travaillons (contexte de notre recherche) ainsi que l'objectif et le contenu de notre recherche.

Notre façon de nous présenter a fait que la plupart des personnes interviewées soient plus attentives et prêtes à répondre à nos questions. L'empathie des enquêtés à répondre à nos questions résultait d'une part de la politesse dont nous avons fait preuve, du choix d'un cadre approprié pour l'entretien et d'autre part, de l'usage de la langue locale (le mashi) et de l'octroi d'une petite motivation (achat de la boisson locale).

S'agissant du cadre de l'entretien, nous avons mené certains entretiens aux domiciles (résidence) des enquêtés, aux bureaux (chef de groupements et responsables des organisations paysannes) et d'autres dans des champs, car nous y avons rencontré quelques agriculteurs (animateurs des regroupements paysans).

En bref, nous en tant que chercheur, avions choisi le lieu où chaque enquêté devait se sentir à l'aise, à l'abri de tous regards et oreilles indiscrètes qui détourneraient son attention.

Dix personnes au total ont été interviewées parmi lesquelles trois responsables des associations locales des agriculteurs, trois chefs de groupements et quatre chefs de villages. La durée allouée pour chacune était d'environ trente à 45 minutes avec possibilité de prolongement.

L'entretien semi-directif nous a permis également de collecter les données qualitatives qui ont été analysées vu que l'étude est inscrite dans une méthodologie mixte. Cela a été opérationnalisé à travers un guide d'entretien comme outil de collecte des données et la grille d'entretien.

- **L'observation directe** :

L'observation directe est une technique consistant à porter une attention de façon systématique à une personne, à un groupe, à une activité, un événement et une situation. Par cette technique, le chercheur s'imprègne des réalités du contexte, touche et vis même avec le phénomène à l'étude en vue de mieux le saisir (Charlier et Campenhout, 2014 ; Esiso, 2014).

Cette technique nous a servi par le fait que nous avons observé l'état actuel des terres agricoles, les pratiques agricoles et de principales cultures pratiquées par les paysans ainsi que les méthodes agricoles qui sont de plus en plus utilisées par les paysans du territoire de Kabare.

En tant que chercheur, nous étions obligé de ne pas passer par des informateurs pour observer certaines réalités. Nous nous sommes approché des paysans dans leurs champs et avons observé l'état actuel des terres agricoles qu'ils exploitent, les techniques agricoles utilisées par ces derniers, le type d'outil de travail utilisé ainsi que leur dynamique dans les activités collectives de champ, etc.

Également, à travers cette technique, nous avons observé dans tous les sites d'enquête quelques cas des paysans en situation d'insécurité alimentaire suite à une faible production.

- **La documentation** :

Avec la technique documentaire, nous avons consulté les documents, les statistiques sociales ou tous les autres écrits (résultats de recherches, revues, thèses, mémoires, livres, etc.) contenant des informations sur notre objet d'étude.

Nous avons tenté, à ce niveau, de faire recours aux techniques historiques de critique externe, critique interne ou autre pour recueillir des données fiables. Cette technique nous a permis d'asseoir une base théorique, et de recenser les différentes orientations théoriques existantes par rapport à notre domaine de recherche et ainsi prendre la nôtre.

Dans l'état de la question et la discussion de principaux résultats, plusieurs des ouvrages ont été exploités de par leur contenu. Et il a été question d'en tirer les apports, les examiner et établir un lien avec l'objet de notre d'étude.

1.3.4. Démarche de traitement et d'analyse des données

- **Données quantitatives**

À l'issue de l'enquête, la base de données a été saisie dans le tableur Excel 2013 avant d'être exportée dans le logiciel SPSS. v.25 pour les statistiques descriptives et les analyses statistiques. Par contre, pour la production des tableaux, nous avons utilisé le tableur Excel. Les tableaux et les graphiques obtenus de ce logiciel ont été ensuite ramenés en Excel pour leur mise en forme et la présentation de graphiques.

Ces traitements nous ont permis d'interpréter aisément les résultats et ainsi atteindre les objectifs que nous avons assignés à cette recherche.

Dans nos analyses statistiques, nous nous sommes appesantis sur les fréquences, les mesures de tendances centrales comme la moyenne et l'écart-type, les tests de relation entre variables et de synthèse des variables tels que le test de Khi-carré et l'analyse factorielle en composante principale.

Le Test d'indépendance de Khi deux nous a permis de contrôler l'indépendance de deux caractères dans une population donnée. Autrement dit, il nous a aidés dans la vérification du lien statistique entre deux variables nominales (qualitatives) X et Y, de tester l'hypothèse nulle ou l'absence des relations entre deux variables catégorielles. Pour le cas d'espèce de cette étude, nous avons mis en relation la variable appartenance à une organisation paysanne et la capacité d'accroissement de la production agricole des paysans.

Alors ces deux variables seront dites indépendantes lorsqu'il n'existera aucun lien statistique entre elles H0 : les deux variables X et Y seront indépendantes donc en termes de valeur de P, l'hypothèse nulle sera rejetée lorsque p est inférieur ou égal à 0 (Cikwanine, 2023 ; Barhalengehwa, 2022).

Le test de corrélation de Pearson à son tour nous a permis de vérifier les relations existantes entre deux variables ainsi que l'influence d'une variable sur une ou deux variables.

Quant à l'analyse factorielle en composante principale, elle nous a guidées dans la synthèse de données recueillies tout au long du processus de la recherche en identifiant les variables et les dimensions les plus explicatives.

Notre échelle de mesure était composée de 24 questions regroupées en quatre composantes du capital social sur une échelle de Likert et les options de réponse de cette échelle ont été identifiées sur base de la littérature, et des données empiriques récoltées dans les trois groupements considérés comme sites de recherche.

Toutes ces analyses ont été faites dans l'objectif de cerner les différentes dimensions du capital social capables de stimuler l'accroissement de la production agricole de subsistance à Kabare. Mais avant de réaliser l'analyse factorielle en composante principale, nous avons tenté de nous rassurer que les données qui ont été recueillies obéissaient à cette démarche statistique.

- **Données qualitatives**

L'analyse du contenu nous a orienté dans le traitement de données qualitatives. Nous sommes passé à trois étapes de cette analyse, à savoir la retranscription des données, les codages des informations et le traitement des données.

Ainsi, nous avons opté pour cette technique dans le but de nous permettre de bien transformer le discours oral des répondants en un texte afin d'étudier le sens des propos tenus par le répondant.

De ce fait, la retranscription de l'entretien a été faite à la main, nous avons retenu mot à mot tout ce que disait l'interviewé. Nous avons procédé à la lecture des différents comptes rendus issus de l'enquête (entretiens) afin de nous en imprégner au fur et à mesure dans leurs retranscriptions. En lisant et en relisant attentivement ces comptes rendus, nous avons fait la synthèse des réponses thème par thème et avons retiré les extraits significatifs.

Pour bien structurer les données recueillies, les principaux résultats en sections et en tirer les conséquences épistémologiques sur le sort des hypothèses de départ, un tableau de collecte (grille d'entretien) et de traitement des données a été élaboré pour cette fin.

Nous étions obligé de comparer les entretiens entre eux afin d'appréhender l'espace de points de vue qu'ils formaient et de comprendre comment la définition des codes pourrait être orientée.

Également, avec la technique d'analyse du contenu, nous avons procédé par la lecture à plusieurs reprises des données recueillies à travers le guide d'entretien afin de pouvoir classer et évaluer la nature de ces dernières.

Ensuite, nous avons défini une liste exhaustive de codes (catégories) et des unités de classification des informations recueillies, c'est-à-dire que nous avons regroupé les réponses des différents entretiens par question et nous leur avons conféré des codes.

Parmi les codes, nous avons utilisé les numérotations (1,2, 3, 4, 5, etc.) pour désigner le nombre des entretiens, tandis que les lettres et numérotations (a1, b2, c3, d4, e5, etc.) correspondaient aux questions-réponses et ainsi de suite.

Enfin, nous avons pris des textes (extraits des entretiens) qui étaient jugés pertinents dans les réponses des enquêtés et les avons placés dans notre travail suivant les thèmes. Toute cette procédure nous a permis de corroborer, nuancer ou réfuter les hypothèses de départ.

DEUXIÈME CHAPITRE : LES CONTRAINTES SOCIOPOLITIQUES ET TECHNIQUES DANS LE SYSTÈME DE PRODUCTION AGRICOLE À KABARE

De manière globale, le secteur agricole congolais est confronté à de nombreuses contraintes d'ordre technique, économique et institutionnel, qui entravent son développement, entraînent la faible production et plonge la population dans une situation d'insécurité alimentaire (FAO, 2018).

Le Sud-Kivu montagneux n'est pas épargné de cette problématique que traverse le secteur agricole congolais. Plusieurs facteurs structurels et conjoncturels sont à la base de la non-relance du secteur agricole et bloquent l'augmentation de la production (Vwima et al., 2020).

Dans le cadre de cette étude, avant de passer en revue les principales contraintes sociopolitiques et techniques autour de la production agricole à Kabare, il sied de signaler que les paysans du territoire de Kabare ne pratiquent pas une seule culture, mais plutôt une diversité des cultures ; et la production moyenne de ces dernières varie selon l'espace de terre cultivable à la disposition de chaque paysan, tel que décrit dans la première section de ce chapitre.

2.1. Diversité des cultures vivrières pratiquées par les paysans du territoire de Kabare

Comme annoncé dans le premier chapitre, le territoire de Kabare connaît un climat tropical humide, tempéré par l'altitude. Il s'agit d'un climat présentant des facteurs naturels favorables à diverses cultures que les paysans pratiquent au cours des diverses saisons culturales.

Le paysan de Kabare accorde une importance particulière aux cultures vivrières de première nécessité pour les besoins alimentaires. Il produit souvent sur de petites surfaces de production avec des moyens techniques et humains très limités.

Avec la montée progressive de certaines organisations paysannes locales et certaines organisations non gouvernementales œuvrant dans le secteur agricole à Kabare, il est actuellement difficile de déterminer avec une forte précision le degré d'importance que ce paysan accorde à chacune des cultures vivrières. Suite à la faible production agricole, il produit en majorité pour sa subsistance et celle de sa famille.

Nous présentons dans ce tableau n° 3 les principales cultures pratiquées par les paysans-agriculteurs du territoire de Kabare :

Tableau 3 : Principales cultures pratiquées à Kabare

Type des cultures	Fré.	%	% valide	% cumulés	
Manioc	32	8,3	8,3	8,3	8,3
Légumineuse	13	3,4	3,4	3,4	11,7
Haricot	61	15,9	15,9	15,9	27,6
Patates	16	4,2	4,2	4,2	31,8
Plusieurs cultures à la fois	262	68,2	68,2	68,2	100,0
Total	**384**	**100,0**		**100,0**	

Source : Nos enquêtes à Kabare, juin 2023.

À la lumière de ce tableau, il se dégage que dans les processus de production agricole, 68,2 % des paysans (la majorité) du territoire de Kabare effectuent plusieurs cultures à la fois dans leurs champs pendant que 3,4 % pratiquent la culture des légumineuses.

Ces principales cultures identifiées constituent la base de l'alimentation de la population du territoire de Kabare, curieusement la production locale demeure incapable à satisfaire la demande locale pour ces produits. On se pose alors la question de savoir quelle est la quantité moyenne de production dans chaque site d'enquête. Autrement dit, existe-t-il une relation entre les sites d'enquête et la quantité moyenne de production ?

Pour répondre à cette question, nous avons procédé par la présentation de la moyenne de production par groupement. Cependant, les quantités moyennes de production pour tous les sites d'enquêtes ne sont pas les mêmes. La production est différente selon qu'on est dans un groupement à un autre et la position du groupement influence la quantité moyenne de production. Ce qu'on peut visuellement observer dans cette figure (graphique) n° 3.

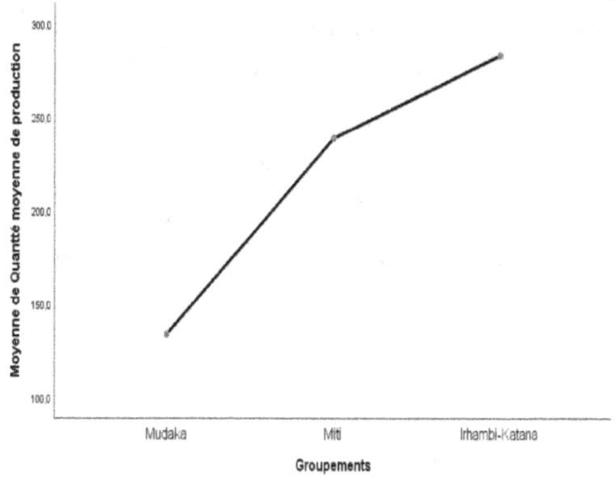

Figure 3 : Quantité moyenne de production par site d'enquête

Les résultats de cette figure prouvent que c'est le groupement d'Irhambi-Katana qui a la production moyenne la plus élevée (283,188 kg), suivi du groupement de Miti avec une production moyenne de 238,824 kg et enfin, le groupement de Mudaka vient en dernière position avec une production moyenne de 133,804 kg.

Nos enquêtés ont affirmé que cette disparité s'explique par le fait que dans le groupement de Mudaka, les paysans sont beaucoup plus engagés dans les activités commerciales qu'agropastoraux et la plupart des agriculteurs ne sont pas membres des organisations paysannes.

Aussi, il s'observe une diminution sensible des espaces des terres agricoles mises en valeur suite aux morcellements des terres et aux nouvelles constructions qui prennent une montée progressive.

Nos recherches ont trouvé que les paysans de Kabare ne réalisent pas la même production par culture, ne bénéficient pas d'un même espace des terres agricoles et n'ont pas le même nombre de repas par jour. Les causes de ces disparités sont entre autres :

(i) la pratique des techniques agricoles non adoptées, (ii), le non-encadrement des agriculteurs, (iii) la répartition inégale des terres entre les classes sociales, (iv) la variation des indices agroclimatiques (vi), etc.

Nous testons dans ce tableau n° 5, la corrélation existant entre la quantité moyenne de production, la dimension de terre mise en valeur par les paysans du territoire de Kabare et le nombre de repas par jour :

Tableau 4 : Vérification des corrélations entre la quantité moyenne de production, la dimension de terre mise en valeur et le nombre des repas/jour

Variables		Quantité moyenne de production	Dimension de terre mise en valeur	Nombre des repas par jour
Quantité moyenne de production	Corrélation de Pearson	1	,276**	,176**
	Sig. (bilatérale)		0,000	0,001
	Somme des carrés et produits croisés	35 987 648,792	42 214 404,064	11 111,746
	Covariance :	93 962,529	110 220,376	29,012
	N	384	384	384
Dimension de terre mise en valeur	Corrélation de Pearson	,276**	1	,127*
	Sig. (bilatérale)	0,000		0,013
	Somme des carrés et produits croisés	42 214 404,064	648 719 743,584	33 929,789
	Covariance :	110 220,376	1 693 785,231	88,590
	N	384	384	384
Nombre des repas par jour	Corrélation de Pearson	,176**	,127*	1
	Sig. (bilatérale)	0,001	0,013	
	Somme des carrés et produits croisés	11 111,746	33 929,789	110,740
	Covariance :	29,012	88,590	0,289
	N	384	384	384
**. La corrélation est significative au niveau 0.01 (bilatéral).				
*. La corrélation est significative au niveau 0.05 (bilatéral).				

Source : Nos analyses dans SPSS.v.25

À travers ce tableau n° 4, nous avons testé l'existence ou non de la corrélation linéaire de Pearson entre trois variables, considérées deux à deux : la quantité moyenne de production, la dimension de terre mise en valeur par chaque agriculteur et le nombre des repas par jour.

Les résultats dégagés de ce tableau indiquent qu'il existe des relations significatives entre les trois variables au seuil de 5 %. Ceci justifie l'existence d'une corrélation linéaire positive.

Ainsi, il s'observe au premier niveau que plus la dimension de la terre mise en valeur augmente, plus la quantité moyenne de production de chaque agriculteur augmente.

Autrement dit, la dimension de terre mise en valeur par chaque agriculteur influence significativement la production moyenne de ce dernier. Ce que plusieurs recherches empiriques affirment.

D'un côté, certaines études soutiennent que la terre est un facteur de production essentiel pour les activités culturales et que la dimension de terre mise en valeur par chaque exploitant agricole constitue un facteur de production qui influence positivement la rentabilité agricole de ce dernier.

Qu'elles appartiennent à des particuliers ou à des groupes, les grandes dimensions des terres mises en valeur pour des fins agricoles permettent tant soit peu de booster la production agricole.

Ces études retiennent également que l'attribution, la transmission des terres non mises en valeur à ceux qui peuvent effectivement les mettre en valeur permet l'accroissement de la production de ces derniers ainsi que la consolidation de leur sécurité alimentaire (Khadidja, 2021 ; FAO, 2017 ; Daoudi et al., 2015 ; Hiriko, 2015).

De l'autre côté, d'autres recherches ont attesté que la faible production des petits exploitants africains serait fonction de dimension très réduite des terres agricoles mises en valeur par ces derniers.

Ces études montrent que sur les trois milliards de ruraux africains, les deux tiers cultivent moins de deux hectares avec l'usage des techniques agricoles traditionnelles ; ce qui impacte négativement la production agricole moyenne.

Ces chercheurs préconisent donc l'acquisition des terres agricoles pour que les petits exploitants africains augmentent leur potentiel productif et améliorent le niveau de vie de leurs ménages, etc. (Hernandz et Phélinas, 2012).

Au deuxième niveau, il se dégage que le nombre des repas dans chaque ménage est fonction aussi de la quantité moyenne de production de ce dernier. Plus la production agricole d'un ménage augmente, plus le nombre des repas par jour de ce dernier augmente.

Autrement dit, pour maximiser leurs consommations alimentaires (nombre des repas par jour), les ménages paysans doivent d'abord travailler sur l'accroissement de leur production agricole.

La Banque mondiale (2003) estime à ce niveau que lorsque la production agricole est faible, la sécurité alimentaire, les revenus des agriculteurs deviennent aussi faibles, avec comme conséquence : l'accroissement de la pauvreté.

Plus augmente la production agricole des exploitants agricoles, plus leur sécurité alimentaire et par conséquent leur niveau de vie augmente aussi. Nous analysons alors les contraintes autour de la production agricole dans les trois sites d'enquête.

2.2. Les contraintes sociopolitiques et techniques dans le système de production agricole dans le territoire de Kabare

Dans cette deuxième section, nous analysons les obstacles majeurs auxquels font face les paysans du territoire de Kabare dans les activités de champ et qui impactent négativement leur production agricole.

2.2.1. Les contraintes sociopolitiques

Les petits agriculteurs de la région de l'Afrique subsaharienne dans son ensemble et de la RDC en particulier sont confrontés à des difficultés techniques, sociales et institutionnelles dans l'exercice de leurs activités agricoles.

Il s'observe donc l'absence d'un cadre institutionnel adéquat pour la réalisation de l'activité agricole, pourtant ce dernier est censé définir, orienter, coordonner, encadrer et éventuellement rectifier toutes les initiatives en faveur des petits agriculteurs (Kabamba et al., 2017).

Les agriculteurs de la province du Sud-Kivu montagneux, particulièrement ceux du territoire de Kabare, ne sont pas épargnés de cette réalité. Ils sont confrontés à plusieurs contraintes sociales, politiques et s'érigent en obstacles dans l'accroissement de leur production agricole, telles que reprises dans cette figure n° 4 :

Source : Nos enquêtes à Kabare, juin 2023.

Figure 4 : Les contraintes sociopolitiques dans la production agricole

Il ressort de cette figure n° 4 que sur 384 paysans enquêtés au sujet des contraintes sociotechniques auxquelles ils font face dans les activités agricoles de production, 31,5 % soit 121 personnes ont montré que la forte densité démographique serait la première contrainte à laquelle elles font face, suivies de 29,9 % et 12,2 % qui ont respectivement affirmé le non-encadrement de petits agriculteurs et le non-accès aux crédits agricoles.

La moyenne pour cette première catégorie de contraintes serait de 3,56 % pendant que la variance est de 3,4 %. Après avoir présenté en synthèse toutes ces contraintes sociopolitiques dans la figure ci-dessus, nous en examinons quelques-unes de manière détaillée.

a. Le non-accès aux crédits agricoles et le faible encadrement

À ce niveau, nous cherchons à savoir si tous les paysans agriculteurs de nos différents sites d'enquête bénéficient d'un quelconque encadrement de la part des organisations du secteur agricole œuvrant dans le milieu ou de la part des services étatiques.

L'encadrement peut être l'octroi d'un crédit agricole, l'organisation d'une formation sur de nouvelles techniques culturales, la distribution de nouvelles semences adaptées aux conditions locales, etc.

Nos enquêtes ont prouvé que la majorité des paysans agriculteurs du territoire de Kabare n'accède pas aux crédits agricoles, comme conséquence : la faible production agricole. Si pas un nombre ne restreint qui bénéficie de l'accompagnement de l'INERA et de quelques organisations non gouvernementales locales, 83,1 % des paysans enquêtés ne bénéficient pas de l'accompagnement institutionnel de l'administration territoriale, de la chefferie et des groupements.

Un nombre très réduit des enquêtés (6 %) a montré qu'ils ne connaissent même pas des structures qui octroient de crédits agricoles et comment procéder pour accéder à ces crédits ; 15,1 % ont prouvé qu'il n'existe pas dans leurs villages des structures qui peuvent les encadrer ou leur donner des crédits.

Cependant, les paysans qui accèdent aux crédits agricoles ont démontré que les types de crédits donnés par les organisations paysannes ne sont pas diversifiés et que l'intervalle de la durée pour restituer ces crédits est très court, comme en témoigne une paysanne du village de Mwanda en groupement de Katana :

« Ici chez nous à Cigoma, pour accéder aux crédits, nous sommes obligés d'adhérer dans des associations des agriculteurs. Nous y recevons des emprunts pour nos activités agricoles et pour la survie. À chaque début de la saison culturale, les responsables des associations nous donnent souvent des semences (tomates, soja et manioc) et nous restituons dès que nous avons les premières récoltes.

Ces associations nous donnent aussi des prêts financiers pour acheter les médicaments lorsque nos cultures sont menacées par des maladies. Malheureusement, elles nous exigent de restituer ces emprunts financiers avant que nous ne produisions ; et souvent ça nous met mal à l'aise (...)[1] ».

Les résultats de nos enquêtes montrent que parfois les paysans sont incapables d'accéder à de nouvelles semences ainsi qu'à des moyens financiers et matériels pour soutenir leurs activités agricoles. D'autres sont méfiants de crédits agricoles : emprunter est considéré comme étant indigne moralement.

Pourtant, certaines études ont démontré que l'accès au crédit agricole par les agriculteurs constitue un instrument au service du progrès de l'agriculture (Bonin H, 2020). En effet, le crédit agricole s'avérerait alors un excellent outil

---

* *Entretien avec une femme agricultrice du village de Mwanda, sous-village de Cigoma en groupement d'Irhambi-Katana, le lundi 12 juin 2023.*

en levier de l'autonomisation et de développement socio-économique pour les paysannes à Kabare.

b. **La démographie galopante accompagnée par l'accaparement de terre**

Si dans certaines régions de l'Afrique subsaharienne la croissance démographique a été à la base de l'expansion agricole, cela n'a pas été le cas pour le territoire de Kabare. La densité démographique a franchi le seuil de 300 personnes par kilomètre carré (Mudinga et coll., 2021 ; état civil du territoire de Kabare ; 2021).

Hugues Dupriez relevait déjà en 1978 que la démographie du Bushi dans son ensemble serait la plus élevée de la République démocratique du Congo (Dupriez cité par Barhalengehwa, 2014). Également, certaines recherches ont prouvé que le phénomène d'accaparement des terres a contribué à la vulnérabilité des paysans et durcit les conditions d'accès à des terres agricoles dans un contexte de fragilité agricole dans certaines entités du territoire de Kabare (Mudinga, 2021).

Dans le territoire de Kabare, nos enquêtes ont démontré que la population a augmenté significativement dans les trois sites d'enquête. Cependant, il s'observe l'existence d'une disproportion entre les espaces de terre mise en valeur (moyenne de 453,4 m^2) et la densité démographique. Il se dégage donc que l'augmentation continue de la population est à la base d'une pression foncière sur les espaces agricoles existants.

Dans les trois sites d'enquête, nos analyses ont prouvé que la moyenne statistique du nombre des personnes vivant dans chaque ménage est de 1,98 %. La tendance générale pour chaque ménage est comprise entre 5 à 9.

Les entretiens réalisés avec quelques chefs de villages en groupements de Mudaka, Miti et Irhambi- Katana soutiennent que cette explosion démographique sur le territoire engendre des répercussions graves sur la production agricole de paysans et les plonge dans une insécurité alimentaire.

Elle est due surtout à un taux de natalité élevé, aux mouvements migratoires à l'intérieur du territoire et à l'extension non contrôlée de la ville de Bukavu vers des sites jadis dédiés à l'agriculture.

Également, ces entretiens ont trouvé que l'accaparement de terres et le processus d'extension non contrôlée de la ville de Bukavu vers des sites jadis dédiés à l'agriculture viennent renforcer la forte démographie et sont retenus parmi des contraintes majeures autour de la production agricole en territoire de Kabare.

Il se dégage que l'espace de terre mise en valeur par les paysans a sensiblement diminué dans tous les sites d'enquêtes suite au processus d'accaparement de terres par les élites politiques, sociales, économiques et religieuses.

Cette situation (accaparement de terre) est fonction du processus d'extension progressive de la ville de Bukavu vers la partie nord du territoire de Kabare. Elle engendre à son tour de nombreuses conséquences sur la production agricole et la sécurité alimentaire des paysans du territoire de Kabare, comme en témoignent quelques chefs de villages rencontrés respectivement à Cinjoma et Kashusha :

« Notre population ne parvient plus à maximiser la production comme ce fut dans les deux dernières décennies. Toutes les terres qui étaient cultivées sont actuellement occupées par des concessionnaires privés. Ces derniers viennent souvent de la ville de Bukavu et d'autres villes du pays, achètent des parcelles pour des finalités non encore bien révélées.

Certains construisent, d'autres cadastrent seulement la parcelle. Il y a même des ONG, des partis politiques, des églises et des associations en provenance de Bukavu qui ont déjà acheté plusieurs hectares, elles ont déjà construit des maisons, des chantiers dans leurs parcelles ; et d'autres sont parvenus même à installer leurs bureaux (...).

Tout ceci entraîne la réduction de l'espace réservé pour les activités agricoles de la population ici chez nous à Mudaka »[2].

« Tu peux regarder toutes ces nouvelles constructions, des maisons en matériaux durables et enclos. Tu vois ! Là où elles sont construites, ce sont des terres que la population cultivait et cela faisait que la production agricole des familles augmente.

Mais, il y a déjà au moins une décennie, nous observons que les gens qui détiennent leur argent viennent de la ville de Bukavu, achètent des parcelles, des hectares même et construisent directement. Même le peu d'espaces que tu vois ici, ils sont déjà achetés dans la plupart par les commerçants, les politiciens et d'autres personnes qui ont leur argent (...).

D'ailleurs, les jeunes de mon village et villages voisins ont déjà donné un nom à cette partie de notre village : ils disaient que désormais cette partie s'appelle Muhumba II, c'est-à-dire que cette partie est très sollicitée par les grands concessionnaires au même titre que la partie de Muhumba dans la ville de Bukavu[3] ».

Avec une densité moyenne estimée à 767,5 hab/km^2 (état civil de Kabare, 2021), l'espace de terre mise en valeur par chaque habitant dans tous les sites de recherche a même sensiblement diminué. La moyenne d'espace agricole mis en valeur dans les trois sites d'enquête est de 453,4 m^2 par ménage, pourtant il était entre 10 et 14 ares en 2000 (Nyaluhaze et coll., 2012).

***Entretien réalisé avec le Chef de village dans le groupement de Mudaka, le Samedi 03 juin 2023 de 14h30 à 15h15min.*

***Entretien réalisé avec le chef de village de Kashusha en groupement de Miti, le lundi 05 juin 2023.*

Et il y a lieu de conclure que l'improductivité de la terre en territoire de Kabare est due à l'action humaine (forte démographie entraînant la mise en culture permanente) et l'accès difficile aux espaces agricoles par les paysans.

c.Les conflits armés antérieurs

Un nombre très réduit de nos enquêtés (0,5 %) a évoqué ce facteur. Cependant, nous ne devrions pas nous empêcher d'attirer une attention à différentes crises sociopolitiques antérieures entraînées par les conflits armés dans le territoire de Kabare.

Lors des entretiens avec certains chefs de groupement et des villages, il a été révélé que ces différentes crises issues de guerres et de groupes armés antérieures ont affecté timidement les relations d'entraide mutuelle et de solidarité entre les familles.

Dans certaines familles, la capacité de production est actuellement timide. Il s'observe donc une baisse de rapports d'entraide dans l'exercice des activités agricoles. Les activités agricoles entre les membres d'un même village sont actuellement individuelles ; pourtant elles étaient collectives dans la plupart des ménages. La perte de cette fraternité dans les activités agricoles reste une interpellation collective et individuelle.

D'ailleurs, des études antérieures ont exactement montré que dans le Bushi en général, les conflits armés ont eu un impact négatif sur les relations sociales entre acteurs sociaux.

Suite aux effets de conflits armés et de crises des guerres des décennies passées, la plupart des membres de familles paysannes ont perdu leurs anciennes relations avec d'autres familles amies. Les gens ont perdu leurs relations et la chaleur sociale entre familles a perdu sa place (Barhalengehwa et coll., 2016, Nyaluhaze et al, 2012).

Après avoir examiné les principaux obstacles sociopolitiques, nous passons alors en revue les contraintes essentiellement techniques.

2.2.2 Les contraintes techniques/environnementales

Le secteur agricole en Afrique subsaharienne en général comprend d'une part, des millions de petites exploitations agricoles et, d'autre part, des plantations et un nombre limité des fermes modernes.

La production des produits vivriers de base (manioc, riz, mil, bananes, fruits et légumes, etc.) est souvent faite pour l'autoconsommation à travers des méthodes agricoles non adaptées. Les petits agriculteurs cultivent avec des instruments manuels et sont confrontés à plusieurs difficultés techniques et climatiques à chaque saison culturale (Goossens, 1998).

Quant au territoire de Kabare, signalons que dans le processus de production agricole, le non-aménagement des espaces de production, l'usage des techniques agricoles non adoptées, etc., sont entre autres contraintes techniques auxquelles les paysans font face.

Et ces dernières sont vécues différemment selon que le paysan est membre d'une organisation paysanne ou non, selon qu'il est à proximité du lac ou de la forêt.

Dans les échanges avec certains chefs des villages et responsables des regroupements paysans lors de focus groups, il a été démontré que les populations autour du lac ne parviennent pas à maximiser la production agricole suite aux eaux des rivières et canaux qui débordent.

Ils soutiennent que les facteurs agroécologiques et techniques sont parfois à la base de la faible production agricole qu'expérimente désormais le territoire de Kabare. La figure n° 5 reprend les principales contraintes techniques évoquées par les enquêtés.

1 = Non-diversification de semences, 2 = Usage de techniques agricoles non productives, 3 = Espace très réduit

de terres culturales, 4 = Instabilité du système foncier, 5 = Indisponibilité des intrants, 6 = Variation des indices agroclimatiques.

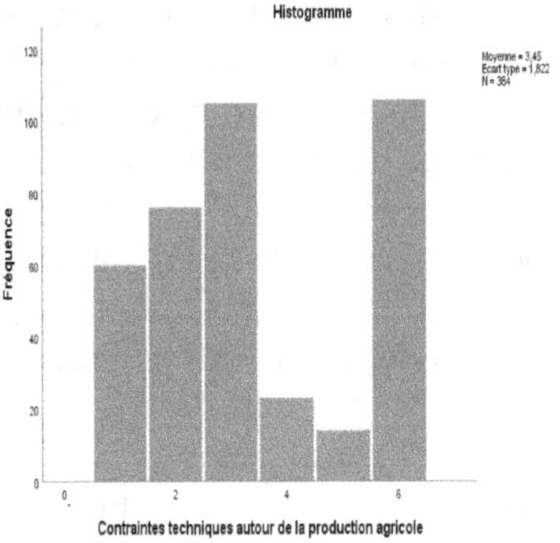

Figure 5 : Les contraintes techniques autour de la production agricole

À la lumière de la figure n° 5, il s'observe que 27,6 % et 27,3 % de nos enquêtés ont respectivement soulevé la variation des indices agroclimatiques et l'espace très réduit de terres agricoles comme étant les contraintes techniques majeures auxquelles ils font face actuellement dans l'exercice des activités agricoles. 19,8 % des enquêtés ont évoqué l'usage de techniques agricoles non productives pendant que 15,6 % ont fait allusion à la non-diversification de semences. Nous décortiquons certaines d'elles :

- **La dépréciation des indices agroclimatiques et usages des techniques agricoles non productives**

Dans la province du Sud-Kivu, le climat est marqué par une variabilité interannuelle modérée. Cependant, il n'échappe pas à des variations décennales ou aux tendances à long terme qui montrent des effets sur le changement climatique et sur la production agricole (Katcho C et coll., 2018).

À Kabare, les responsables des associations paysannes interrogés ont estimé qu'actuellement, à cause de la perturbation climatique, la saison sèche devient de plus en plus longue et cela fait que même le calendrier agricole soit plus difficile à maîtriser et la période de semis apparaît incertaine suite au manque de pluies régulières.

Nos enquêtés ont montré qu'ils sèment et souvent les semences brûlent et ne poussent plus, comme conséquence : une faible production agricole et l'insécurité alimentaire. Ils ne savent plus exactement à quel moment semer, car les pluies viennent désormais de manière inattendue et cela perturbe leur calendrier agricole.

Et certaines études ont démontré même qu'à ce XXIe siècle, le secteur agricole des pays de l'Afrique Centrale est le principal vulnérable à la variabilité climatique. La terre connaît les températures et précipitations variantes, une pluviométrie annuelle instable, des perturbations des saisons culturales, des périodes de sécheresse inattendues plus ou moins longues, etc., impactant négativement le rendement de cultures et la sécurité alimentaire de paysans (Gomgnimbou, et coll., 2020, Siri et coll., 2015 ; Mbaye, 2008).

L'usage des techniques agricoles non adoptées entraîne la dégradation des sols et constitue une grave menace mettant en danger la production alimentaire et les moyens d'existence des ruraux, notamment dans les régions pauvres et de forte démographie (Scher, cité par Katcho et coll., 2018).

À Kabare, l'usage des techniques agricoles non adaptées est l'une des contraintes majeures autour de la production agricole. Les paysans pratiquent souvent des techniques agricoles traditionnelles non adaptées aux conditions agroécologiques du milieu, avec comme conséquence la diminution de la production agricole par unité de surface.

En bref, les paysans dans leurs activités agricoles se heurtent à plusieurs défis, mais également leur environnement physique (territoire de Kabare) présente plusieurs opportunités, compte tenu de sa position agroécologique. Ainsi, le tableau ci-dessous reprend en synthèse les défis et opportunités du secteur agricole dans le territoire de Kabare :

Tableau 5 : Synthèse des défis et opportunités du secteur agricole

Opportunités	**Défis**
- Conditions climatiques et écologiques très favorables aux activités agricoles ; - La disponibilité en terres agricoles très peu valorisées ; - Des potentialités réelles de développement de plusieurs cultures d'exportation hautement compétitives sur le marché international et génératrices de revenus importants, notamment le palmier à huile, le café, le cacao, le thé, et le quinquina, le manioc et le haricot, etc. ; - Un marché potentiellement accessible aux entités urbaines de la province ; - La présence de grandes ONG (nationales et internationales) de développement et de centres de recherche bien structurés, munis d'un personnel compétent, et qui se consacrent à l'agriculture ;	- Non-modernisation du secteur agricole pour booster la production agricole, - forte densité démographique, - faible encadrement des agriculteurs ; - Non-valorisation des espaces agricoles éloignés de villages ; - Pratiques de cultures ne répondant pas aux conditions locales ; - Faible accès aux marchés et aux services des structures du secteur agricole œuvrant dans ce terroir ; - Usage de techniques agricoles non adaptées aux conditions locales ; - Affaiblissement de liens sociaux d'entraide entre agriculteurs, - faible mobilisation des investissements conséquents pour permettre à tous les acteurs du secteur agricole de

- Un mouvement associatif paysan en émergence et en expansion dans l'ensemble du territoire ; - Etc.	jouer pleinement leurs rôles dans l'accroissement de la production agricole ; - Absence d'intérêt manifesté par les autorités politico-administratives et partenaires pour le développement du secteur agricole rural. **Conséquence :** faible production agricole entraînant l'insécurité alimentaire.

Source : Nos enquêtes de terrain, juin 2013.

2.3 Analyse de facteurs attestant la faible production agricole et stratégies développées par les paysans agriculteurs à Kabare.

Toutes les contraintes que nous venons d'évoquer dans la sous-section précédente impactent négativement la production agricole des paysans du territoire de Kabare. 54,7 % de nos enquêtés ont affirmé même qu'ils expérimentent désormais une faible production agricole il y a plus de cinq ans ; soit une moyenne globale de 4,19 % de notre échantillon.

Pendant les enquêtes, les paysans interrogés ont montré que plusieurs éléments leur attestent qu'ils expérimentent désormais une faible production agricole.

Les signes rassemblés ici sont notamment le manque de nourriture et de stocks dans le grenier familial, la pauvreté et le faible pouvoir d'achat de ménagers paysans, la diminution de nombre de repas par jour ainsi que l'accès difficile aux marchés agricoles, etc.

Cette figure n° 5 nous permet de comprendre davantage les différentes tendances avancées par les enquêtés pour chacune de ces variables.

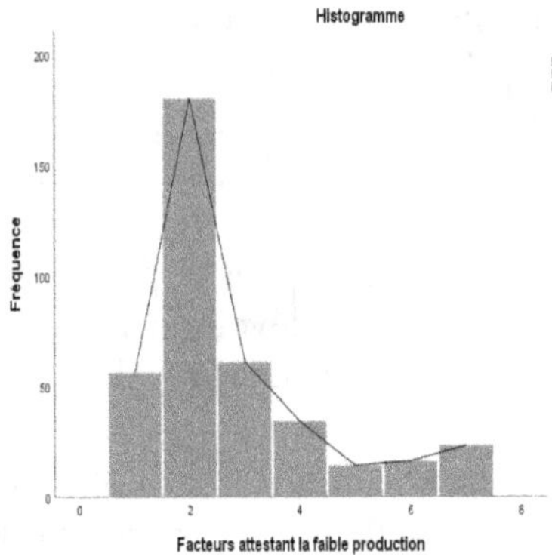

Figure 6 : Facteurs attestant la faible production

1 = Manque de nourriture, 2 = Manque de stocks dans le grenier, 3 = Pauvreté, 4 = faible pouvoir d'achat, 5 = Diminution de nombre des repas, 6 = Accès difficile aux marchés agricoles, 7 = Autres.

À la lecture de ce graphique, il se dégage que nos enquêtés ont reconnu qu'ils expérimentent désormais une faible production agricole. Quels sont alors les signes qui, selon eux, prouvent qu'ils vivent désormais une faible production agricole ? Les résultats de nos enquêtes indiquent que le manque de stocks au sein de ménages (180 enquêtés sur 384, soit 49,9 %) est le premier signe qui atteste la faible production agricole à Kabare.

Lors des entretiens avec certains chefs de villages, ils ont révélé que dans la région du Bushi en général et le territoire de Kabare en particulier, les villages étaient considérés comme des greniers et fournissaient même les produits alimentaires aux agglomérations urbaines.

Ce qui n'est plus le cas aujourd'hui pour les paysans agriculteurs dans tous les villages, comme en témoigne le chef de village de Cirholere :

« Depuis que j'étais jeune comme toi, je n'avais jamais vu ma mère aller au marché pour acheter la farine ou des légumes. Les enfants mangeaient dans n'importe quelle maison et nos mamans envoyaient même la nourriture non

cuite (produits champêtres) aux familiers résidant dans la ville de Bukavu.

J'ai vu aussi des personnes en provenance de la ville de Bukavu et de partout ailleurs venir acheter les maniocs, arachides, feuilles de manioc, choux, soja... dans notre marché de Mudaka chaque mardi et chaque jeudi. Il arrivait même que les légumes pourrissent dans nos maisons, par manque de consommateurs.

Mais, actuellement, la situation a changé. Le manque à manger est devenu normal presque dans toutes les familles ici chez nous à Cirholere (...)[4] *».*

Dans les enquêtes réalisées dans les trois sites de recherche, 15,9 % et 8,9 % des enquêtés ont respectivement à leur tour confirmé la pauvreté et le faible pouvoir d'achat comme signes qui attestent la faible production agricole.

Les résultats de nos enquêtes établissent qu'actuellement la production agricole des paysans agriculteurs de Kabare est faible et occasionne l'affaiblissement de leurs conditions socio-économiques et de la qualité de leur production.

Les personnes enquêtées ont également mentionné d'autres signes qui attestent une faible production agricole, mais pour des raisons de forme, nous avons préféré les regrouper dans la variable « Autres ». Sur 384 sujets enquêtés, 23 personnes ont évoqué d'autres signes ; soit 6 %.

Étant donné qu'ils expérimentent désormais une faible production agricole, le nombre de repas moyen pour chaque habitant est actuellement de 1,94 %, soit deux repas acquis difficilement par jour (le matin et la nuit).

Dans les entretiens, certains enquêtés ont affirmé qu'ils mangent la nuit et les miettes de repas qui restent sont prises

---

** *Entretien réalisé avec le Chef de village en groupement de Mudaka, le jeudi 22 juin 2023.*

au petit matin avant de vaquer à leurs occupations professionnelles.

Et suite à la faible production agricole, les paysans du territoire de Kabare ont développé quelques stratégies. L'adhésion à des organisations paysannes locales (67,2 % des enquêtés), l'utilisation des intrants et des nouvelles techniques agricoles, la combinaison de plusieurs cultures à la fois dans les champs, etc.

Au terme de ce deuxième chapitre, il est à retenir que la majorité des paysans du territoire de Kabare combinent plusieurs cultures dans leurs champs (68,2 %).

Cependant, le test de corrélation de Pearson et de régression nous a montré que la quantité moyenne de production de chaque paysan est fonction de l'espace des terres mises en valeur et non du type de culture principal pratiqué. 54,7 % des enquêtés attestent qu'ils produisent moins suite aux contraintes sociopolitiques et techniques autour de la production agricole dans le territoire de Kabare.

TROISIÈME CHAPITRE : DESCRIPTION DU CAPITAL SOCIAL ET DES ACTIONS COLLECTIVES DANS LE PROCESSUS DE PRODUCTION AGRICOLE À KABARE

Dans ce chapitre, nous décrivons l'état actuel du capital social et des actions collectives dans les activités de production agricole à Kabare en plaçant un accent particulier sur trois aspects et qui constituent d'ailleurs les dimensions du capital social à savoir :

(i) les interactions sociales et normes de réciprocité, (ii) les relations verticales et horizontales entre acteurs sociaux (interactions entre la communauté et l'administration du territoire d'une part et interactions entre la communauté et les organisations externes de développement d'autre part), enfin, (iii) le réseau des organisations paysannes locales de développement.

3.1. État actuel des interactions sociales dans les activités collectives de production agricole à Kabare

Par cette première dimension, nous faisons la description du déroulement actuel de rapports sociaux en termes d'entraide mutuelle, de solidarité entre les paysans du territoire précité dans les activités agricoles de production.

Ainsi, à Kabare, dans certains villages et sous-villages, les paysans ont traversé et traversent encore des situations difficiles suite à l'insécurité (attaques des hommes à mains armées, pertes en vies humaines, vols).

Cet environnement d'insécurité a entraîné des conséquences négatives sur les activités de production agricole entre les paysans. Le contrôle social entre les membres d'un même village étant actuellement un peu difficile, les paysans de Kabare ont du mal à se faire une confiance mutuelle dans l'exercice des travaux collectifs.

Certains de nos enquêtés ont soutenu qu'ils ne se sentent plus en sécurité dans l'exercice des travaux collectifs de champs, et d'autres ont montré qu'ils ne se sentent pas intéressés par les travaux collectifs de champs, car en cas de besoin, ils ne reçoivent jamais l'assistance de leurs voisins. Cette perte de la confiance entre les paysans a réduit sensiblement même la « solidarité mécanique » entre eux dans les activités agricoles.

Ce tableau n° 7 présente les mobiles explicatifs de l'affaiblissement de relations sociales entre acteurs sociaux dans les activités agricoles de production à Kabare.

Tableau 6 : Causes de l'engagement individuel dans les activités de champ

Causes de l'engagement individuel dans les activités de champ					
		Fré.	M	% valides	% cumulés
Valide	Manque de confiance entre les gens	119	31,0	31,0	31,0
	Mouvements migratoires	80	20,8	20,8	51,8
	Manque des objectifs communs	115	29,9	29,9	81,8
	Diminutions des activités d'entraide	48	12,5	12,5	94,3
	Autres	22	5,7	5,7	100,0
	Total	**384**	**100,0**	**100,0**	

Source : Nos enquêtes à Kabare, juin 2023.

Les résultats de ce tableau démontrent que l'affaiblissement des relations sociales dans les activités agricoles de production à Kabare est expliqué par la perte de la confiance entre les paysans, les mouvements migratoires internes et externes ainsi que le manque des objectifs communs.

Ainsi, 31 % de nos enquêtés ont affirmé que les relations sociales autour des activités agricoles de production sont actuellement faibles à cause du manque de confiance entre les paysans, 29,9 % ont estimé qu'il y a affaiblissement des relations sociales suite au manque des objectifs communs entre agriculteurs alors que 80 personnes sur 384 soit 20,8 % attribuent cette situation aux mouvements migratoires qui s'observent à l'intérieur du territoire.

Cependant, certaines études ont attesté que le rural se justifie sur base de relations d'entraide réciproques et de cohésions entre familles paysannes ; la transformation de sociétés paysannes ne peut être possible que lorsque la cohésion sociale et la bonne communication existent entre les gens (Madras, 1995 ; Belloncle, 1979).

Aussi, l'existence de relations entre acteurs paysans peut rendre possible l'accroissement de la production agricole en commun (Madras, 1995 ; Belloncle, 1979).

D'autres ont prouvé que dans le Bushi en général, les traditions et les coutumes encourageaient la solidarité et la communion fraternelle entre les membres d'une même entité géographique. La solidarité, l'entraide mutuelle, les interactions entre acteurs, l'action sociale faisaient que les travaux communautaires d'entretien de champs soient bénéfiques à tout le monde.

Les faibles étaient soutenus par les plus forts à travers les différentes formes de solidarités, la coopération et l'entraide mutuelle. Ces relations de solidarité entre les gens constituaient le soubassement de la vie collective dans des villages et groupements sur toute l'étendue de la région du Bushi (Barhalengehwa, 2014 ; Nyaluhaze et al., 2012).

Les entretiens réalisés avec certains responsables de regroupements paysans et chefs de villages soutiennent que dans le territoire de Kabare, les paysans vivent actuellement des circonstances qui ne leur permettent pas de développer la souplesse d'esprit et de se faire une confiance mutuelle :

« *(...) muza, obugoma burhacilanga. Ici chez nous à Katana, les gens ne se font plus confiance comme avant. Tu vois ! Dans les décennies passées, il y a eu persistance de l'insécurité dans certains villages, les personnes qui habitaient ces villages étaient obligées de se déplacer vers d'autres villages voisins et où certaines d'entre elles ont été obligées d'habiter jusqu'à ces jours.*

J'ai vu moi-même des gens venir de Mabingu, Chamasinga, Kabushwa, Buholo, Mbinga-Sud... et se sont installés ici à Katana-centre et Mwanda. Mon fils, je te dis bien qu'avec ces déplacements, les gens ont développé une perte de confiance entre eux[5] *».*

Les activités collectives de production (travaux collectifs de champs, assistances) qui étaient communautaires sont actuellement timides et individuelles dans la plupart des cas. Le partage rapide des informations entre les paysans reste actuellement entre les gens d'une même famille ou d'un même regroupement paysan.

Au fur et à mesure que les paysans perdent le degré minimal de confiance et de solidarité, ceci les conduit à une faible production agricole.

Et comme les paysans du territoire de Kabare ne se font plus confiance dans les activités communautaires de production agricole, l'on peut alors attester qu'ils ont gâché un des éléments importants du capital social.

Nous présenterons dans la seconde section du quatrième chapitre une échelle de mesure qui retrace l'état actuel des interactions sociales et d'entraides dans les activités agricoles de production en territoire de Kabare.

3.2. État actuel des relations verticales et horizontales entre acteurs dans les activités agricoles de production

a. Les relations verticales entre les acteurs autour des activités agricoles

À ce niveau, nous cherchons à comprendre comment sont les interactions actuelles entre les membres de la

** *Entretien réalisé avec un des Assistants du Chef de groupement d'Irhambi-Katana, le jeudi 22 juin 2023.*

communauté et l'administration du territoire et/ou de la chefferie dans les activités agricoles de production. Le Professeur Barhalengehwa et ses collègues (2016) ont démontré qu'un leadership fort en milieu rural est un facteur de stabilité, de développement et d'accroissement de la production, car le leader se distingue par sa stabilité, sa disponibilité et ses capacités à mobiliser et à influencer.

Et Durkheim montre que des sociétés avec une grande solidarité mécanique, avec une forte cohésion seraient fortes et stables socialement. En plus, il soutient que dans ce type des sociétés, les gens ont une conformité aux normes et valeurs, y alimentent une même conscience collective, un véritablement soubassement de la stabilité (Durkheim cité par Van de Velde, 2013).

On se pose alors la question, de savoir, si les interactions actuelles entre l'administration du territoire et les paysans agriculteurs sont toujours bénéfiques à l'accroissement de la production agricole à Kabare. En guise de réponse, nous disons non.

Nos enquêtés ont montré qu'il s'observe actuellement dans le territoire de Kabare un désintéressement de l'administration du territoire dans l'encadrement et l'assistance des petits agriculteurs ; pourtant elle est reconnue de fortes capacités de mobilisations.

Cette dernière ne fait plus le suivi de techniques et pratiques agricoles adoptées par les paysans, ne procède plus à une sensibilisation sur les nouvelles variétés et/ou méthodes agricoles. Chaque paysan pratique des techniques agricoles, adopte des variétés agricoles qui lui sont faciles même si ces dernières ne sont pas favorables.

Lors d'un entretien avec un chef de village de Mwanda, en groupement d'Irhambi-Katana, Monsieur K. JP a déclaré : « *les liens sociaux entre les services étatiques (chefferie, territoire) et les agriculteurs ne sont plus nourris, les paysans sont presque abandonnés à leur triste sort dans toutes leurs initiatives visant l'accroissement de la production agricole.*

Il y a déjà cinq ans et plus, la chefferie n'a pas organisé des cérémonies qui visent la bénédiction de la terre et des semences, comme ça se faisait dans les décennies antérieures. Nous ne connaissons plus où nous allons (...)[6] ».

Certains des paysans ont aussi montré que même le peu d'espace des terres agricoles qu'ils exploitent est actuellement sous menace de spoliation par l'administration du territoire, la chefferie et par les grands concessionnaires.

D'autres ont renchéri en disant que si pas le centre INERA qui les encadre tant soit peu, ils ne reçoivent jamais un encadrement ni assistance de services agronomiques de la chefferie, de groupements et du territoire.

S'il est vrai que de bonnes interactions entre les membres de la communauté et les autorités et/ou services étatiques d'une entité peuvent être à la base des actions collectives capables de stimuler la production agricole, cela n'est plus le cas pour le territoire de Kabare.

L'implication des responsables politico-administratifs et traditionnels (administrateur du territoire, chefs de chefferie et de groupements, animateurs de services agronomiques, etc.) n'est plus fortement ressentie dans le développement et l'accompagnement de paysans dans les activités agricoles. Cette figure n° 7 illustre bien la non-implication de services étatiques dans les activités agricoles de production des paysans.

***Entretien réalisé avec le chef de village de Mwanda, en groupement d'Irhambi-Katana, le samedi, 24 juin 2023.*

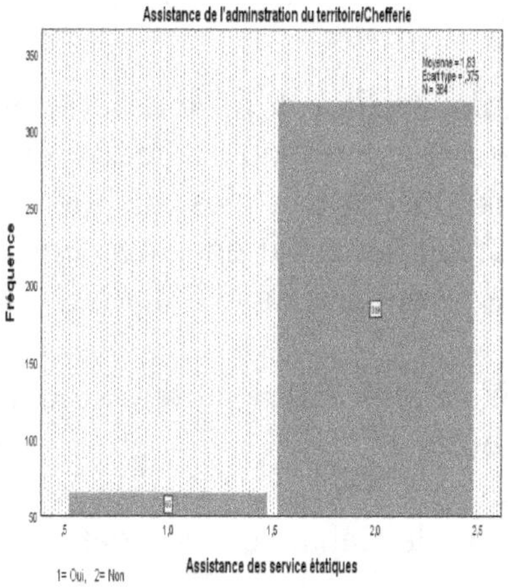

Source : nos enquêtes à Kabare, juin 2023

Figure 7 : Non-implication de services étatiques dans les activités agricoles

Nos investigations, de par cette figure n° 7, prouvent que sur 384 personnes interrogées au sujet de l'implication de l'administration du territoire et de la chefferie dans l'assistance des paysans dans leurs activités agricoles de production, 83,1 % ont affirmé qu'ils n'ont jamais reçu une quelconque assistance alors que 16,9 % reconnaissent avoir reçu un jour cette assistance.

Nos enquêtés ont soutenu qu'ils sont plutôt victimes de tracasseries de services de l'administration du territoire et de la chefferie, surtout dans la perception des taxes sur les productions agropastorales.

Il s'observe donc de grandes distances entre les services étatiques (administration du territoire, chefferie et groupements) et les ménages paysans dans les activités agricoles visant l'accroissement de la production.

Les résultats de ce tableau nous amènent à conclure que le rôle de l'administration de la chefferie et du territoire dans l'encadrement des agriculteurs et la définition d'une politique locale visant l'accroissement de la production agricole n'est pas significativement ressenti par les paysans du territoire de Kabare.

L'implication de l'administration de la chefferie et du territoire est quasi-inexistante, pourtant, les deux entités territoriales décentralisées étaient censées disposer des extensions de services techniques d'encadrement des agriculteurs dans chaque groupement, village et sous-village.

b. Les relations horizontales entre acteurs sociaux autour des activités agricoles

Ici, nous passons en revue l'état actuel des interactions entre les paysans du territoire de Kabare et les organisations non gouvernementales internationales et nationales de développement dans le processus de production agricole.

Les habitants de nos trois sites d'enquête reconnaissent l'existence de l'assistance minimum des organisations non gouvernementales de développement dans leurs activités agricoles.

Dans la plupart des cas, les organisations non gouvernementales de développement procèdent par la distribution de denrées alimentaires et d'habits, mais cela n'impacte pas positivement les conditions socio-économiques des paysans du territoire de Kabare.

Il se dégage donc que l'aide humanitaire des ONGD n'est pas conçue prioritairement dans la promotion et l'encadrement des activités agropastorales locales des paysans à Kabare.

Cependant, nos enquêtes ont révélé que suite au désintéressement de l'administration du territoire et de la chefferie dans l'encadrement des agriculteurs, certaines organisations non gouvernementales locales, nationales et internationales de développement tentent d'encadrer et d'assister les paysans dans leurs activités agricoles ; notamment l'IITA, PICAGEL, APIDE, le Comité Anti-

Bwaki, ASOPE, PAIDEK, Action Aide, CIAT, Action d'Espoir, etc.

Nos enquêtés ont montré que même si les actions de ces structures non gouvernementales de développement n'ont pas d'effets positifs réels sur l'accroissement de la production, ces dernières apportent des informations sous forme d'énergie souvent exogène qui pénètre dans leur communauté paysanne en signe d'encadrement.

Cette énergie englobe des informations comme les sensibilisations et formations, des innovations techniques et sociales, qui influencent tant soit peu les paysans dans les activités agricoles à Kabare. 85 % des enquêtés ont affirmé qu'il existe dans leurs groupements des structures non gouvernementales qui les assistent quelquefois et les encouragent à faire les travaux collectifs de champs.

Bien que certaines ONGD interviennent actuellement dans l'encadrement technique des paysans autour des activités agricoles, leur impact n'est pas fortement ressenti sur l'accroissement de la production agricole dans le territoire de Kabare.

Il faudrait encore un effort dans la prise de conscience de tous les acteurs (animateurs des ONGD et membres de la communauté) et la mise sur pied de politiques nécessaires capables de stimuler l'accroissement de la production agricole à Kabare.

D'un côté, les animateurs des ONGD devraient revoir leur politique d'assistance des paysans dans les villages et sous-villages de cette partie du Sud-Kivu montagneux. Ils doivent mettre en place un paquet nécessaire de projets qui touchent l'encadrement des activités agricoles de petits agriculteurs, investir dans les activités agropastorales et soutenir les moyens de subsistance de paysans.

De l'autre côté, les paysans devraient se fier des assistances en denrées alimentaires de certaines ONGD, mais plutôt potentialiser l'énergie exogène (formation, encadrement technique et social) issue de ces organisations non gouvernementales de développement.

3.3. État actuel des réseaux d'organisations paysannes locales dans les activités collectives de production agricole à Kabare.

Suite à la faible production agricole qu'ils expérimentent, certains paysans du territoire de Kabare sont actuellement organisés en regroupements sociaux afin de rechercher des solutions à certaines de leurs difficultés de survie et/ou d'amélioration de leurs activités agricoles. Sur 384 personnes enquêtées, 67,2 % sont actuellement membres d'une organisation paysanne locale.

Cette appartenance à un réseau d'organisations locales suscite le renforcement de la solidarité, l'échange rapide des informations entre les organisations locales de développement et les paysans.

Regroupés en organisations ou associations, les agriculteurs font preuve de beaucoup de capacités en ce qui concerne la prise en charge de besoins alimentaires de leurs familles. Cette manière de faire impacte non seulement l'amélioration progressive de leurs conditions socio-économiques, mais aussi la sécurité alimentaire de leurs membres.

Les différents agriculteurs sont regroupés suivant les villages et sous-villages, axes, et se donnent un nom en se répartissant les tâches pour les activités collectives de champ selon un calendrier agricole bien élaboré.

Tableau 7 : Tableau 7 : Répartition des associations (regroupements paysans) de Kabare selon le siège, rayon d'action et domaine d'activité

AGEP	Miti Centre	Miti	Agriculture et protection de l'environnement
API/MUDAKA	Mudaka Centre	Mudaka	Élevage et agriculture
BOLOLOKE	Kajuci	Irhambi-Katana	Agriculture
MAMAN MAENDELEO	Kadjuchu	Irhambi-Katana	Agriculture
BUMVIKANE	Mwanda	Irhambi-Katana	Agriculture et microfinance
RHUDERHE KUGUMA 1 et 2	Mwanda et Kabamba	Irhambi-Katana	Agriculture et protection de l'environnement
TUUNGANE	Kabamba	Irhambi-Katana	Agriculture
COLLECTI MUZUSANGABO	Miti Centre	Miti	Agriculture et microfinance
RHUDOSANYE	Miti Centre	Miti	Agriculture et Élevage
OPDR	Miti Centre	Miti	Agriculture et protection de l'environnement

Source : Bureau du développement rural de la chefferie de Kabare, juin 2023.

Au regard de ce tableau, nous remarquons que la majorité des regroupements paysans œuvrant à Kabare ont pour domaine d'activité l'agriculture et l'élevage. Il s'est donc passé de grands changements dans la logique fonctionnelle de mouvements associatifs à Kabare.

Dans des villages et groupements, ces organisations des agriculteurs jouent un rôle d'intégration et de stabilité et/ou de sécurité. Elles apprennent à leurs membres de nouvelles méthodes de faire, d'organiser les travaux de champ et assurent le développement socio-économique des membres.

Comme le souligne le psychologue et socioéconomiste américain Abraham Maslow, les motivations d'adhésion d'un individu à un groupe dépendent de plusieurs facteurs, comme par exemple le sentiment d'appartenance et de sécurité (Maslow cité par Granger, 2023).

Ainsi, les motivations relatives à l'adhésion des paysans kabarois à ces regroupements changent avec les époques, les circonstances associées à chaque époque et selon les convictions personnelles de chaque paysan.

Tableau 8 : Les motivations des paysans à adhérer à une organisation paysanne

Mobiles d'appartenance à une organisation paysanne				
Mobiles	**Fré**	**%**	**% valide**	**% cumulé**
Stimuler la production agricole	118	30,7	30,7	30,7
Assurer l'intégration sociale par le travail collectif	40	10,4	10,4	41,1
Améliorer le panier de la ménagère et l'autonomie financière	57	14,8	14,8	56,0
Assurer la sécurité alimentaire	57	14,8	14,8	70,8
Accéder aux crédits agricoles	76	19,8	19,8	90,6
Autres	36	9,4	9,4	100,0
Total	**384**	**100,0**	**100,0**	

Source : Nos enquêtes à Kabare, juin 2023

Suite à la faible production agricole et aux contraintes auxquelles ils font face dans les activités agricoles, les paysans Kabarois s'organisent en regroupements paysans par motivations interposées à plusieurs visées dont les plus importantes tiennent aux finalités présentées dans ce tableau.

Ainsi, il se dégage que jusqu'à 30,7 %, les mobiles de paysans visent significativement l'accroissement de la production agricole, suivi de 19,8 % qui estiment l'accès aux crédits agricoles. 14,8 % des enquêtés ont à l'unanimité affirmé qu'ils sont actuellement membres des organisations paysannes pour assurer la sécurité alimentaire de leurs ménages, améliorer le panier de la ménagère et leur autonomie financière.

Avant l'affaiblissement de la production agricole et de liens sociaux, le mobile principal d'adhésion des paysans dans des organisations était dicté par le sentiment d'appartenance.

Cependant, avec l'avènement de différentes crises sociopolitiques et techniques, ce mobile n'est plus dicté par le développement local, mais plutôt par un esprit de recherche de survie sous diverses formes (accès aux crédits agricoles, se sentir protégé par l'association, encadrement technique, appui, etc.).

Les paysans enquêtés ont montré que l'appartenance à une organisation paysanne leur apporte plusieurs innovations dont la formation (31,8 %), la distribution de semences (21,1 %), l'entraide ou l'assistance dans les activités de champs (19,5 %), l'encadrement technique (17,4 %), etc.

Eu égard à ce qui précède, nous allons tester les variables appartenance à une organisation paysanne, type d'innovation bénéficié et capacité d'accroître la production agricole tel que présenté dans le tableau ci-dessous :

Tableau 9 : Test de khi-carré entre appartenance à une organisation paysanne et capacité d'accroissement de la production agricole des paysans

V. I : Appartenance à une organisation paysanne					
	Valeur	Ddl	Signification asymptotique (bilatérale)	Sig. Exacte (bilatérale)	Sig. Exacte (unilatérale)
Khi-carré de Pearson	56,906[a]	1	,000		
Correction pour continuité	53,964	1	,000		
Rapport de vraisemblance	44,287	1	,000		
Test exact de Fisher				,000	,000
Association linéaire par linéaire	56,758	1	,000		
N d'observations valides	384				
VD : Accroissement de la production agricole					

Source : Nos analyses dans SPSS v.25

Dans ce tableau n° 9, nous avons testé l'existence ou non d'une relation de dépendance entre deux variables qualitatives, notamment : l'appartenance à une organisation paysanne et la capacité des paysans de Kabare à accroître la production agricole. Nous avons tenté de démontrer l'existence d'interdépendance entre les deux variables.

Autrement dit, nous avons testé la relation d'influence entre les variables appartenance à un regroupement paysan et l'accroissement de la production agricole chez les paysans du territoire de Kabare.

Ainsi, les résultats de ce tableau renseignent qu'il existe une association significative entre l'appartenance à une organisation paysanne et la capacité d'accroître la production agricole de paysans du territoire de Kabare (Khi deux = 56,906 ; prob = 000).

On peut donc affirmer à 95 % de confiance que les paysans qui sont membres d'une organisation paysanne ont une forte possibilité d'accroître leur production agricole étant donné que les organisations paysannes locales jouent un rôle important dans la sensibilisation des ménages paysans et dans l'encadrement des activités agricoles des petits agriculteurs.

Elles apprennent à leurs membres de nouvelles méthodes pour faire, organiser les travaux des champs et assurent le développement socio-économique des membres. Regroupés en organisations ou associations locales, les agriculteurs font également preuve de beaucoup de capacités en ce qui concerne les activités collectives visant l'accroissement de la production agricole.

On peut donc en déduire que le fait d'avoir adhéré à une organisation paysanne prédispose les paysans à accroître leur niveau de production. Ce qui a été prouvé par des recherches antérieures menées dans des horizons et contextes différents (Nyongesa et al., 2016 ; Barhalengehwa et al., 2016 ; Latrémouille, 2010).

Certaines de ces recherches vont plus loin même en disant que la raison d'appartenir à une association permet à un producteur de baisser son inefficacité de 77,4 % (Naja et coll., 2012 ; Ekou, 2006).

- **Politique mise en place par les organisations paysannes face à la faible production agricole**

Toutes ces structures paysannes fonctionnelles dans le territoire de Kabare visent à promouvoir la production agricole des paysans. Organisées en des coopératives agricoles et en associations, ces organisations paysannes font recours à plusieurs stratégies. Ainsi, pour inciter l'accroissement de la production agricole, les responsables des regroupements paysans entreprennent des activités par stratégies interposées à plusieurs visées.

Ils procèdent par la sensibilisation communautaire, l'organisation de travaux collectifs de champs entre membres, l'approvisionnement et la distribution de semences aux paysans membres de leurs organisations, etc.

Dans cette optique, ces organisations se donnent pour mission de rassembler les membres pour leur encadrement.

Malgré que la majorité des paysans ne participent pas activement aux activités collectives de production, quelques-uns d'entre eux ont déjà compris l'importance d'appartenir à une organisation paysanne quelconque pour non seulement accroître leur productivité, mais aussi et surtout effectuer les travaux de champs collectifs, accéder aux crédits financiers et agricoles, etc., comme en certifient certains agriculteurs interrogés dans tous les sites d'enquêtes :

« (...) Tous mes voisins avec qui nous cultivons sont membres des associations. J'ai jugé bon aussi d'adhérer dans l'une de leurs associations, il y a déjà six mois. Depuis que j'ai adhéré dans cette structure, ils viennent m'aider dans les activités de champ.

Nous sommes répartis par axe et notre axe contient dix membres ; nous assistons chaque semaine trois membres dans les activités de champ[7] ».

« Nous n'avons jamais obtenu une réponse favorable chaque fois qu'on partait solliciter de l'aide auprès des organisations non gouvernementales du secteur agricole œuvrant dans notre groupement. Elles exigeaient que nous soyons en groupe afin de bénéficier de leur encadrement.

Ce qui est surprenant, depuis que nous sommes regroupés en une petite association d'agriculteurs, nous recevons déjà leurs assistances, notamment : les formations, l'octroi de petits crédits agricoles et parfois la distribution des semences d'arbres fruitiers[8] », affirme la

---

***Entretien réalisé avec un homme agriculteur et membre du collectif « Bololoke », dans le village de Kajuci en groupement d'Irhambi-Katana, le vendredi 23 juin 2023.*

***Entretien réalisé avec la Présidente du collectif de mamans Muzusangabo en groupement de Miti, le 27 juin 2023.*

responsable d'une organisation paysanne du groupement de Miti.

Souvent, ces organisations font recours à certaines organisations villageoises d'épargne et de crédit (AVEC) ainsi qu'aux coopératives agricoles qui fonctionnent avec les parts sociales des membres dont le rôle est d'octroyer les crédits ainsi que de garder les recettes des paysans membres pour les coopératives financières.

En ce qui concerne les coopératives agricoles, elles gardent les semences et les livrent aux membres pendant la période de semis moyennant d'argent recommandé ou fixé par quantité et par catégorie de semences.

De cette politique, cinq principales conclusions peuvent être tirées à savoir :

– L'adhésion à une démarche collective entre les différentes organisations paysannes à Kabare s'organise autour des motivations : (i) déployer une stratégie capable d'accroître la production agricole pour lutter contre l'insécurité alimentaire ; (ii) mutualiser les ressources par le partage rapide d'informations et d'expérience pour faire face aux défis à la base de la faible production dans les familles paysannes ;

– L'adhésion à une organisation paysanne permet aux petits agriculteurs d'accroître progressivement leur production et de bénéficier d'un encadrement technique et social ;

– La production agricole des paysans qui travaillent en privé reste très faible comparativement à celle ayant adhéré à une organisation paysanne. Les organisations paysannes locales jouent un rôle important dans la sensibilisation des ménages paysans pour qu'ils soutiennent les actions collectives visant l'accroissement de la production agricole ;

– Le niveau d'entraide mutuelle en termes de travaux collectifs de champs, de partage d'informations et de diversification de cultures reste très faible pour les paysans agriculteurs qui travaillent en privé.

Après cette brève description de l'état actuel du capital social dans les activités de production agricole en territoire de Kabare, force est de nous appesantir sur le quatrième chapitre mettant en évidence les dimensions du capital social qui seront validées par les résultats de l'analyse factorielle en composantes principales.

Mais avant d'en arriver là, nous passerons en revue les principales caractéristiques sociodémographiques de nos enquêtés.

QUATRIÈME CHAPITRE : RÔLE DU CAPITAL SOCIAL DANS L'ACCROISSEMENT DE LA PRODUCTION AGRICOLE À KABARE

Quatre sections constituent l'ossature de ce chapitre. Premièrement, il s'agit de la présentation des caractéristiques de la population d'enquête ainsi que l'analyse bi variée de certaines variables, deuxièmement, il est question d'analyser le rôle du capital social dans l'accroissement de la production agricole à Kabare.

Autrement dit, dans cette deuxième partie, nous allons démontrer comment un capital social fort peut contribuer à l'accroissement de la production agricole dans le territoire de Kabare.

Troisièmement, nous allons procéder par la discussion de principaux résultats. Enfin, quatrièmement, nous allons proposer de prescriptions sociologiques sous forme de recommandations face aux défis observés dans le système de production agricole à Kabare.

4.1. Caractéristiques de la population d'enquête

L'objectif de cette section est de rendre compréhensibles les caractéristiques importantes de notre population d'enquête et permettre à nos lecteurs de se faire une idée sur le contour de la population échantillonnée.

À cet effet, nous allons en premier nous limiter au niveau de la statistique descriptive en calculant les fréquences, les pourcentages valides, les moyennes et les représentations graphiques afin que nous puissions découvrir les sens des caractéristiques sociodémographiques des enquêtés par rapport aux variables sélectionnées.

Ensuite, nous allons présenter l'analyse bi variée (corrélations, les régressions) entre quelques caractéristiques sociodémographiques et les autres variables de l'étude. L'objectif est de tester la relation, l'influence et l'indépendance entre les différentes caractéristiques de la population d'étude.

Dans cette étude, nous avons retenu uniquement six paramètres jugés importants pour caractériser notre population d'enquête. Il s'agit de la répartition des enquêtés par sexe, sites d'enquête, âge, statut matrimonial, niveau d'instruction, l'occupation professionnelle et le niveau économique.

a) Répartition des enquêtés par sexe et selon les sites d'enquête

Dans ce paragraphe, le sexe est une variable qualitative qui regroupe en son sein deux modalités : 1 si l'agriculteur est du sexe masculin et 2 s'il est du sexe féminin. Cette dernière a des relations avec la production agricole.

Ainsi, nous présentons les différentes proportions enquêtées entre hommes et femmes sur l'ensemble de notre échantillon. Les données de l'enquêté par rapport à cette première variable sociodémographique sont présentées dans ce tableau n° 10 :

Tableau 10 : Tableau croisé de Sexes de répondants par Groupement

Tableau croisé de Sexes de répondants par Groupement					
Sexes des répondants		**Groupements**			**Total**
		Mudaka	Miti	Irhambi-Katana	
01	Masculin	55	12	108	**175**
02	Féminin	57	56	96	**209**
Total		**112**	**68**	**204**	**384**

Source : Nos enquêtes à Kabare, juin 2023

À la lecture de tableau n° 10, il se dégage que les femmes ont représenté 54,4 % de l'échantillon contre les hommes qui représentent 45,5 %. Cette petite différence non significative (8,8 %) entre les deux catégories s'explique par le fait que lors des enquêtes, les femmes étaient plus disposées à répondre volontairement à notre questionnaire d'enquête ; et étaient très impliquées dans les activités de champs.

La main-d'œuvre féminine est beaucoup plus employée dans les activités agricoles comparativement à celle masculine, car d'habitude, dans les milieux ruraux au Bushi, les travaux champêtres sont souvent soutenus par les femmes ; les hommes prennent souvent soin des bétails et de la bananeraie et ne viennent au champ que le jour de la récolte. Cependant, la plupart des hommes semblaient méfiants en estimant que nous étions des enquêteurs des ONG.

D'ailleurs, certains d'entre eux exigeaient même que nous leur achetions la boisson locale pour nous livrer des informations.

S'agissant de la répartition des enquêtés par unité géographique (site d'enquête), il s'observe que c'est dans le groupement d'Irhambi-Katana que nous avons enquêté beaucoup de personnes (204 enquêtés dont 108 hommes), suivi de Mudaka, (112 enquêtés dont 57 femmes) et le groupement de Miti vient en dernière position avec 68 sujets enquêtés dont 56 femmes.

Cette répartition inégale des enquêtés par site d'enquête est fonction de la méthode d'échantillonnage que nous avons choisie pour mener à bon port cette étude. Par la méthode d'échantillonnage aléatoire stratifiée proportionnelle, nous avons réparti la taille de l'échantillon en fonction de l'importance du groupe, c'est-à-dire que nous avons tiré l'échantillon dans chaque site d'enquête selon le nombre total d'habitants de ce site. Les détails sont repris dans le premier chapitre de ce travail.

b) Répartition des enquêtés selon leur situation matrimoniale et par niveau d'instruction

Dans cette partie, la situation matrimoniale est une variable qualitative qui regroupe deux modalités. Elle prend la valeur 1 si l'agriculteur est marié, 2 s'il est non marié ou célibataire, 3 s'il est veuf et 4 si l'agriculteur est divorcé ou séparé.

Cette dernière a des relations avec la production agricole, car la main-d'œuvre composée de mariés est beaucoup plus employée dans les activités de production agricole comparativement à celle composée des célibataires.

Aussi, le niveau d'instruction est une variable qualitative nominale et reste déterminant dans les processus de production agricole ; cela du fait que les perceptions et les pratiques sociales varient selon que l'on a un niveau d'étude élevé ou pas.

Tableau 11 : l'état civil des enquêtés et leur niveau d'instruction

État civil		Niveau d'instruction					
		Pas d'éducation formelle	Alphabétisation des adultes	Primaire	Secondaire	Universitaire	Total
01	Marié	26	23	51	112	39	251
02	Célibataire	2	3	2	45	33	85
03	Veuf (Ve)	12	8	9	9	0	38
04	Divorcé(e)	1	2	4	1	2	10
Total		**41**	**36**	**66**	**167**	**74**	**384**

Source : Nos enquêtes à Kabare, juin 2023.

Il ressort de ce tableau n° 11 l'évidence que nous avons considérablement enquêté les personnes mariées jusqu'à 65,3 % (251 sur les 384) de notre échantillon et 22,1 % et 9,8 %, soit 10 % respectivement des non-mariés et des veufs/veuves. La plupart des enquêtés sont mariés car la logique paysanne exerce une certaine contrainte sociale et un contrôle social sur toutes les couches sociales, en l'occurrence les célibataires.

Aussi, les jeunes ne restent pas longtemps célibataires dans la mesure où les facteurs économiques en milieu rural ne sont pas de plus en plus déterminants sur le mariage. Il n'est donc pas surprenant que les mariés soient nombreux que les autres catégories sociales dans nos trois sites d'enquête.

Il s'observe aussi que 43,3 % des enquêtés ont un niveau d'études secondaire, suivi de 19,2 % ayant un niveau d'études universitaire, de 17,1 % ayant le niveau d'études primaire. Ce constat nous permet de conclure que la plupart des enquêtés savent lire et écrire.

Étant donné que la majorité des personnes enquêtées maîtrisent la lecture et l'écriture, on peut chercher à vérifier le degré d'association ou de relation entre le niveau d'études de nos enquêtés et l'appartenance à une association (regroupement) paysanne.

C) **Répartition des enquêtés selon l'âge**

Dans ce travail, une telle variable est exprimée en nombre d'années de l'individu dès sa naissance jusqu'au moment où la collecte de données a été effectuée. Ainsi, cette dernière est déterminante dans la participation aux activités de production agricole à Kabare.

Par cette variable, nous déterminons l'âge qui a été plus concerné par les enquêtes et le rapport établi entre celui-ci et la production agricole. Le graphique n° 8 représente les données de l'enquête :

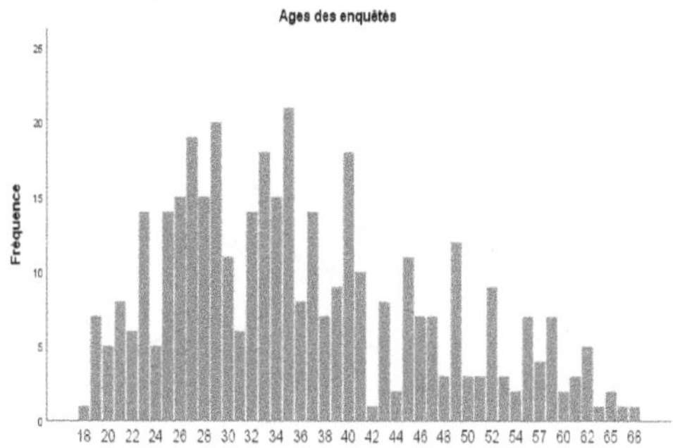

Figure 8 : Répartition des enquêtes par âges

Nous constatons à partir de ce graphique que sur 384 sujets enquêtés, les personnes ayant l'âge le plus élevé ont 68 ans pendant que les moins âgées ont 18 ans. Ainsi, 5,5 % des enquêtés soit 21 personnes sur le 384 ont l'âge de 35 ans, suivis de 5,2 % ayant l'âge de 29 ans, de 19 personnes soit 4,9 % ayant l'âge de 27 ans et de 0,3 % soit une personne ayant l'âge de 18 ans.

L'âge moyen pour l'ensemble de nos enquêtés est de 36,3 soit 36 ans pendant que l'écart-type pour tous ces âges est de 11,1 %. Il ressort que les personnes enquêtées étaient majoritairement jeunes.

Ceci implique que plus l'âge avance, les paysans ont tendance à se désengager de travaux champêtres, éventuellement parce que l'entretien et l'application des travaux champêtres exigent une force physique intense que les personnes âgées ne sont plus en mesure de mobiliser.

c) Répartition des enquêtés selon l'occupation professionnelle et niveau socio-économique

L'occupation professionnelle et le niveau socio-économique sont des variables qualitatives nominales à plusieurs modalités qui nous permettent d'avoir une idée claire sur la configuration socio-économique de nos enquêtés et l'effet de ces dernières sur les activités agricoles de production. Les données de terrain sont présentées dans le tableau n° 12.

Tableau 12 : Occupation professionnelle et niveau socio-économique des enquêtés

Tableau croisé Occupation professionnelle * Niveau socio-économique					
Occupation professionnelle		**Niveau socio-économique**			**Total**
		Pauvre	Moyen	Riche	
01	Agriculture	30	128	12	**170**
02	Commerce	9	63	4	**76**
03	Fonctionnaire public	0	69	4	**73**
04	Artisanat	0	7	0	7
05	Élevage	1	12	0	**13**
06	Autres	3	38	4	**45**
Total		**43**	**317**	**24**	**384**

Source : Nos enquêtes à Kabare, juin 2023

La lecture de ce tableau n° 12 permet de constater deux grandes tendances. Jusqu'à 44,2 % (170 sur les 384 enquêtés), nos enquêtés pratiquent l'agriculture comme activité principale et vivent principalement des produits de l'agriculture.

Dans le territoire de Kabare, l'agriculture au sens large reste l'activité principale de plusieurs ménages et certains des enquêtés ont montré qu'actuellement, ils sont de plus en plus encouragés par les organisations paysannes à faire l'agriculture. La plupart des agriculteurs ont un niveau socio- économique moyen soit (75,2 %) et les autres mènent une vie de pauvreté soit 17,6 %.

La seconde tendance est celle qui montre que 19,7 % et 19 % ont respectivement le commerce et le travail salarié (fonctionnaire public) comme occupation professionnelle. Ainsi, 83 % et 94,5 % parmi eux ont un niveau de vie socio-économique moyen.

Cependant, 12 % de commerçants ont un niveau socio-économique pauvre et 5,4 % de fonctionnaires publics connaissent un niveau socio-économique riche.

4.2. Le renforcement du capital social pour l'accroissement de la production agricole à Kabare

Sous cette section, nous voulons démonter sur base des données empiriques de l'enquête comment à travers les ressources sociales, les paysans du territoire de Kabare peuvent contribuer à l'accroissement de la production agricole dans un contexte de fragilité agricole.

Et nous avons démontré dans le chapitre précédent que les relations sociales d'entraide et de solidarité entre les paysans du territoire de Kabare sont actuellement affaiblies, les paysans ne se font plus confiance dans l'exercice des activités collectives de production agricole ; pourtant dans la revue de la littérature, certaines études ont indiqué que les paysans peuvent parvenir à maximiser la production agricole s'ils sont cohésifs, veulent entreprendre ensemble.

Ces études antérieures soutiennent que les relations d'entraide, l'organisation en des réseaux sociaux d'entraide et de partage des informations génèrent des valeurs positives capables d'impulser l'accroissement de la production agricole de petits agriculteurs [Franck (2014) ; Karanja et al. (2018) ; Pavel et al. (2011), etc.].

Ainsi, nous avons présumé que le renforcement et le maintien de relations d'entraide et de solidarité entre agriculteurs, le partage rapide d'informations et des expériences autour des activités agricoles de production, etc., sont autant de facteurs qui peuvent stimuler l'accroissement de la production agricole dans le territoire de Kabare.

Autrement dit, pour parvenir à l'accroissement de la production agricole, les paysans du territoire de Kabare doivent travailler significativement sur quelques dimensions à savoir : (i) Le renforcement des interactions et/ou relations sociales d'entraide entre les acteurs sociaux, (ii) et l'encadrement des relations verticales ainsi que les rapports horizontaux entre les organisations sociales et les paysans membres de la communauté locale.

Pour confirmer, infirmer ou nuancer cette présomption, nous allons procéder par l'analyse factorielle à composante principale afin de synthétiser les données recueillies sur le capital social actuel à Kabare.

Sur base des résultats de l'analyse factorielle, nous aurons alors à présenter les résultats empiriques de l'enquête et à atteindre l'objectif global assigné à cette étude.

4.2.1. Résultats de l'analyse factorielle en composante principale de l'échelle de mesure du capital social actuel autour des activités de production agricole dans les trois sites d'enquête

Dans cette sous-section, nous présentons le tableau des résultats des analyses factorielles exploratoires en composantes principales après purification de l'échelle de mesure, suivi du graphique des résultats de l'Eigen Value (règles des valeurs propres) ; précédés par le tableau relatif au calcul du coefficient d'Alpha de Cronbach pour l'ensemble des variables retenues.

Tableau 13 : Analyse de la fiabilité de notre échelle de mesure pour toutes les variables

Tableau 13 : Analyse de la fiabilité de notre échelle de mesure pour toutes les variables		
Alpha de Cronbach	Alpha de Cronbach basé sur des éléments standardisés	Nombre d'éléments ou items testés
,6090	,126	7

Source : Nos analyses dans SPSS v.25

Tableau 14 : Résultats de l'analyse factorielle en composante principale

Items	Composantes 1	2	3	4	Communalités	Alpha de Cronbach	% de la variance expliquée par facteur	Valeurs propres
Obligations, attentes réciproques et encadrement des relations verticales								
Implication de toutes les couches sociales dans les activités collectives de champs	,772				,727	0,621	17,369 %	1,216
Renforcement des travaux collectifs de solidarité entre les paysans	,763				,734			
Existence de normes et des sanctions effectives dans la communauté								
Entraide mutuelle entre les paysans		,757			,605	0,624	16,256 %	1,138
Contraindre les gens à développer l'esprit d'équipe dans l'exercice des activités des champs	.	,739			,575			
Interactions et relations sociales d'entraide entre les acteurs sociaux								
Travaux champs communautaires			,720		,529	0,59	15,856 %	1,110
Assistance mutuelle entre agriculteurs dans les activités de champs			,719		,532			
Existence des canaux de communication informels								

Lutter contre la faible production pour ceux qui font les travaux individuels de champs à travers le partage rapide de l'information				,904	,820	-	15,128 %	1,059
Variance totale expliquée : 64,609 %, KMO = ,635 ; Test de Sphéricité de Bartlett (Chi2 = 42,676 ; ddll = 21 ; Sig. =.003)								

Source : Nos analyses dans SPSS v.25

Représentation graphique des valeurs propres en fonction de leurs composantes

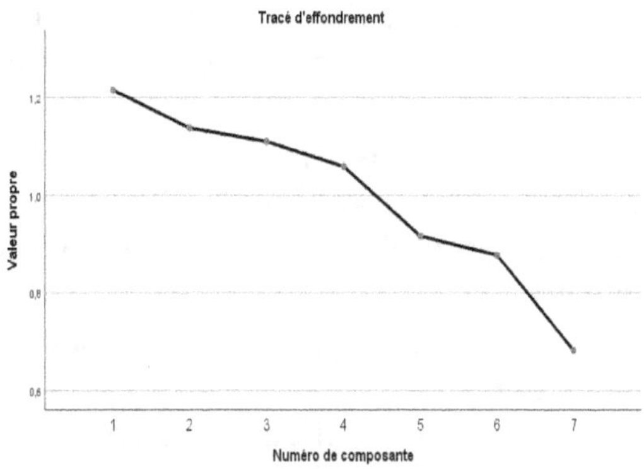

Figure 9 : Représentation graphique des valeurs propres en fonction de leurs composantes

Les résultats du test de fiabilité de l'échelle de mesure retenue dégagent un Alpha de Cronbach acceptable et valide de 0,609 ; autant dire qu'il existe 60 % de chance de reprendre cette enquête et de retomber sur les mêmes résultats.

S'agissant des résultats de l'analyse factorielle exploratoire en composante principale tels que présentés dans le tableau supra, ceux-ci montrent que nos données admettent l'analyse factorielle (KMO > 0,5 et p-value du test de significativité de Bartlett significatif au seuil de 5 %).

Pour ce qui est du nombre de composantes à retenir, après épuration de l'échelle de mesure, quatre composantes (dimensions/facteurs) ont été retenues sur base de plusieurs critères (Eigen Value/valeur propre > 1 ; communalité > 0,5 ; poids factoriels > 0,5 et l'item ne doit pas être fortement corrélé à plus d'une dimension).

Ainsi, quatre dimensions du capital social actuel autour des activités agricoles de production ont été retenues dans tous les sites d'enquête, à savoir : (i) les obligations, attentes réciproques et encadrement des relations verticales, (ii) existence de normes et de sanctions effectives dans la communauté, (iii) les interactions et relations sociales d'entraide entre les acteurs sociaux et (iv) enfin, l'existence des canaux de communication informels.

4.2.2. Analyse de quelques dimensions du capital social ressorties par les résultats de l'analyse factorielle

- **Obligations, attentes réciproques et encadrement des relations verticales**

Les obligations et attentes réciproques dépendent du degré de confiance mutuelle au sein d'une structure sociale donnée. Associé au niveau de confiance présent dans un ensemble social, le respect des obligations implique que dans un groupe où la confiance entre les membres est élevée, la réalisation des attentes d'une partie est « garantie » ou facilitée par l'obligation de l'autre partie de répondre à ces dernières.

Cette première dimension du capital social est à l'origine des travaux collectifs qui placent la confiance ou le sentiment de confiance au cœur de l'efficacité de groupes sociaux (Coleman, 1999).

Cette première composante ou dimension retenue est la plus importante et la plus valorisée par nos enquêtés pour quatre raisons, à savoir :(i) elle a des items avec des points factoriels très élevés (0,772 et 0,763), (ii) des fortes communalités (0,727 et 0,734), (iii) des valeurs propres très élevées (1,216) et (iv) enfin, une variance totale expliquée de 17,369 %.

Pour ce faire, pour améliorer la production agricole dans le territoire de Kabare, les paysans doivent jouer sur deux aspects décrits par cette première dimension. Il s'agit de l'implication de toutes les couches sociales de la population à savoir : les leaders étatiques, paraétatiques et coutumiers, les hommes, les femmes et les jeunes… dans les activités collectives de champs ainsi que le renforcement des travaux collectifs de solidarité entre les membres des ménages paysans.

Tel que repris dans la figure n° 9, 83,1 % des sujets enquêtés attestent qu'ils ne reçoivent jamais une assistance quelconque des services étatiques (chefferie, territoire et groupements) dans l'exercice de leurs activités agricoles.

D'un côté, ils ne ressentent pas l'implication de l'administration du territoire et de la chefferie dans les activités agricoles et de l'autre côté, les paysans eux-mêmes ne sont pas cohésifs dans l'exercice des activités collectives de production.

Pourtant, les recherches menées ailleurs ont démontré que des relations sociales d'entraide, de réciproque et de cohésion entre familles paysannes sont capables de stimuler la production agricole ; et que la transformation des sociétés paysannes ne peut être possible que lorsque la cohésion sociale et la bonne communication existent entre les gens.

Aussi, l'existence de relations entre acteurs paysans peut rendre possible l'accroissement de la production agricole en commun (Rivera et coll., 2018 ; Barhalengehwa et al., 2016 ; Madras, 1995 ; Belloncle, 1979).

D'autres études ont montré que là où les indicateurs du capital social sont évidents, les populations locales sont plus susceptibles d'être motivées à participer avec un véritable engagement à collaborer avec les acteurs institutionnels pour des initiatives qui conduisent à des changements durables dans l'agriculture.

Pour optimiser la production agricole, les autorités publiques doivent apporter aux agriculteurs une assistance financière et organisationnelle (Wossen et al. 2015 ; Naja, 2012 ; Katungi et al., 2006).

Dans l'objectif d'augmenter la production agricole, les acteurs engagés dans les activités agricoles à Kabare (animateurs des services étatiques et les membres de la communauté) doivent être caractérisés par des flux d'interactions entre eux en se faisant confiance, en instaurant la cohésion sociale.

L'administration du territoire et de la chefferie à travers ses services techniques doit être proche des paysans en les encadrant sur les nouvelles techniques agricoles, l'usage des nouvelles semences et en donnant la facilité d'accéder aux crédits agricoles.

Étant donné que l'administration de la chefferie et certains services étatiques comme l'INERA disposent des espaces des terres non exploitées, ils les mettraient à la disposition des paysans pour des fins purement agricoles, bien sûr en leur accordant un encadrement technique.

Tout en instaurant un environnement permanent des interactions, tous les acteurs (administration du territoire, les membres des ménages paysans…) doivent évaluer ensemble les moments où leurs interactions se sont intensifiées ou affaiblies, quels facteurs ont été à la base, et quels sont les résultats issus de leurs interactions, etc.

- **L'existence de normes et des sanctions effectives**

Cette seconde composante ou dimension issue de l'analyse factorielle est non négligeable dans le sens où elle se taille une place importante dans la liste des facteurs du capital social pouvant avoir un impact positif sur la production agricole à Kabare. Les valeurs de cette seconde composante sont : points factoriels (0,757 et 0,739) ; la communalité (0,605 et 0,575) et la valeur propre (1,138). Elle décrit deux principaux facteurs sur lesquels les paysans (agriculteurs) du territoire de Kabare doivent jouer pour accroître leur production agricole.

Ces facteurs ont trait à l'entraide mutuelle entre les paysans et à la capacité du système social (groupe) à stimuler l'esprit d'équipe auprès des individus qui travaillent en privé les activités des champs.

81,2 % des sujets enquêtés dans tous les sites d'enquête ont montré que l'accroissement de la production agricole étant le résultat d'un capital social fort et des activités collectives de champs obligatoires contribuerait à la sécurité alimentaire de leurs ménages.

Les recherches soutiennent que l'existence des sanctions spécifiques pour les gens qui se retranchent de la ligne de conduite et qui ne marchent pas selon la logique du groupe est une meilleure stratégie sur laquelle les agriculteurs doivent agir afin de maximiser leur production agricole.

Ces recherches démontrent toujours que les agriculteurs qui exercent en privé les activités agricoles ont un faible capital social avec un impact négatif sur le rendement de leurs productions. Cependant, ceux qui sont dans les travaux agricoles en équipe, le capital social de leurs ménages augmente, et cela entraîne une augmentation de leur production agricole (Barhalengehwa et al., 2016 ; Courtney et al., 2013).

- **Interactions et relations sociales d'entraide entre les acteurs sociaux**

Quant à cette troisième composante dégagée par les résultats de l'analyse factorielle, il se dégage que la production agricole dans le territoire de Kabare serait améliorée si les paysans acceptent de se faire une assistance mutuelle dans les activités de champs, mais aussi s'ils s'investissent dans les travaux communautaires visant l'accroissement de la production agricole.

Certains auteurs ont prouvé que les activités collectives constituent dans certains contextes une clé de croissance de la production et par ricochet de la relance de l'agriculture chez les petits exploitants agricoles. Ils montrent que les paysans qui entreprennent ensemble font beaucoup de bénéfices en termes d'espaces mis en valeur, du temps consacré au travail, du transport des produits récoltés, etc. (Barhalengehwa et al., 2016).

D'autres chercheurs soutiennent que les activités d'entraide de production agricole (labour, sarclage, labour, récolte, etc.) permettent aux agriculteurs de coopérer de manière bénéfique et entreprendre les actions collectives effectives et durables.

La participation de groupe, la confiance sociale, le soutien social, les réseaux sociaux d'entraide et l'exercice des activités collectives entre les petits exploitants agricoles impactent leur production agricole et influencent également leur capacité à adopter de nouvelles technologies dans l'exercice de leurs activités agricoles (Nyongesa et al., 2016 ; Naja et coll., 2012 ; Barhalengehwa et al., 2016).

Cependant, il s'observe qu'à Kabare, les paysans ne sont plus dans une dynamique des relations sociales d'entraide et des travaux communautaires. Lors des enquêtes, 31 % de sujets interrogés ont affirmé que les relations sociales d'entraide autour des activités agricoles de production et qui caractérisaient les gens sont actuellement faibles.

Il est donc très indispensable que les paysans (agriculteurs) du territoire de Kabare s'entraident dans les activités agricoles ; chaque paysan doit se sentir impliquer dans les travaux communautaires de champs afin d'améliorer tant soit peu la production agricole.

- **Les canaux de communication informels**

La dernière dimension ressortie par les résultats de l'analyse factorielle soutient que les paysans du territoire de Kabare peuvent lutter contre la faible production pour ceux qui font les travaux individuels de champs à travers le partage rapide de l'information. Dans le cadre de cette recherche, il a été constaté qu'à Kabare, il y a certaines personnes qui travaillent en privé les activités agricoles de champs et que cela est à la base de la faible production.

Nous nous posons alors la question de savoir, est-ce que le fait pour certaines personnes d'exercer en privé les activités agricoles n'est pas lié au manque d'information. Sont-ils informés sur le bien-fondé du partage rapide de l'information et d'expérience entre agriculteurs.

En guise de réponses à ces questionnements, nous disons que l'existence des canaux de communication informels à même de faire circuler efficacement les informations entre les agriculteurs membres des ménages paysans par les relations sociales permettrait aux paysans kabarois d'accroître la production agricole.

Réunies en regroupements paysans entretenant des activités agricoles collectives efficientes et efficaces dans chaque village, les paysans du territoire de Kabare doivent se partager rapidement des informations et s'échanger des expériences autour du bien-fondé d'entreprendre ensemble dans les activités agricoles.

Ils doivent également se partager les informations au sujet de l'adoption des nouvelles semences et l'usage des nouvelles techniques agricoles, etc. En bref, ces réseaux des paysans permettraient de fortifier le capital social des plus faibles à travers la création des liens sociaux et le partage rapide des expériences sur toutes les questions relatives à l'agriculture.

Certaines études soutiennent que pour parvenir à maximiser leur production agricole, les agriculteurs paysans doivent s'organiser en réseaux sociaux de partage d'informations, lesquels réseaux leur permettent d'élargir leur champ relationnel, matériel, culturel et financier. Et une fois réunis en réseaux, les paysans agriculteurs peuvent créer des banques de semences communautaires pour conserver le patrimoine génétique des semences locales.

Ces banques de semences communautaires deviennent alors un centre dynamique d'échange de savoirs et de matériel génétique entre les paysans agriculteurs qui les gèrent et les contrôlent (Latrémouille, 2010). D'autres ont prouvé l'importance des liens sociaux, des réseaux, de la réciprocité, de l'apprentissage et du transfert des connaissances, en tant qu'outils clés utilisés pour accroître la capacité productive des petits agriculteurs (Rivera et coll., 2018).

4.2.3. Discussions de principaux résultats de l'étude

Les résultats de cette recherche démontrent les différentes contraintes sociopolitiques et techniques autour de la production agricole dans le territoire de Kabare et justifient aussi les différentes possibilités sociales à suivre pour que les paysans du territoire de Kabare parviennent à accroître la production agricole.

Ainsi, pour raison de cohérence, deux grands thèmes ont été retenus dans la discussion de ces principaux résultats. Il s'agit du premier thème qui discute les résultats empiriques portant sur les contraintes sociopolitiques et techniques autour des activités collectives de production agricole et du deuxième portant sur le rôle du capital social dans l'accroissement de la production agricole.

a. Les contraintes autour de la production agricole

Dans le territoire de Kabare, les paysans récoltent souvent sur de petites surfaces de production avec des moyens techniques et humains très limités, pratiquent l'agriculture de subsistance jusqu'à plus de 80 % de la population.

Suite à des contraintes multiples, ces paysans ne pratiquent plus une seule culture, mais, plutôt une diversité des cultures sur un espace agricole très limité ; et la production moyenne de ces dernières varie selon l'espace de terre agricole mise en valeur par chaque paysan.

Depuis un certain temps, ces derniers expérimentent continuellement une faible production agricole, qui affecte la sécurité alimentaire et les conditions socio-économiques de leurs ménages. Les paysans agriculteurs du territoire de Kabare ne réalisent pas la même production par culture, ne bénéficient pas d'un même espace des terres agricoles et n'ont pas le même nombre des repas par jour.

Mais quelles sont les contraintes socio- politiques et techniques qui s'érigent en obstacles dans l'accroissement de leur production agricole ? Quels sont les signes qui, selon eux, prouvent qu'ils expérimentent désormais une faible production agricole ?

Les résultats de nos enquêtes indiquent que la forte densité démographique (121 sur 384 personnes enquêtées soit 31,5 %) est la première contrainte sociopolitique autour de la production agricole à Kabare. Dans les trois sites d'enquête, nos recherches ont découvert que la tendance générale des personnes résidant dans chaque ménage est comprise entre 5 et 9.

Dans les entretiens avec les chefs de groupements et des villages pour les trois sites d'enquête, certains d'eux ont affirmé à plusieurs reprises que la forte explosion démographique sur le territoire a engendré des répercussions graves sur la production agricole de la population, les gens construisent sur des espaces qui devaient être mis en valeur pour la production et cela a plongé même certaines familles dans une insécurité alimentaire sans précédent.

D'autres chercheurs ont abouti aux résultats similaires dans plusieurs coins du monde. Ainsi, Jouve (2006) ;

Mekuria (2018) ; Komareki et Siwa (2019) ont mené leurs recherches dans des contextes différents et soutiennent qu'une forte densité démographique serait à la base de la faible production agricole et de surcroît source de l'insécurité alimentaire dans la région de l'Afrique subsaharienne en général.

Selon eux, l'augmentation de la population entraîne un accroissement de la pression sur les ressources et en particulier sur la terre ; une baisse de la fertilité de la terre et donc une baisse de la production agricole disponible.

Bref, ces auteurs affirment que le coefficient de multiplication de la population humaine est déterminant de l'impact global sur les terres et la quantité de nourriture disponible pour chaque ménage.

De même, au Cameroun, l'accroissement des populations urbaines avait posé en 2003 un problème sur les rendements agricoles des zones périurbaines et rurales. Il s'était observé un envahissement des espaces agricoles par de nouvelles habitations, une précarité des zones écologiques destinées pour les activités agricoles à la suite de l'action humaine (Ludovic, 2004).

Kashangabuye et al. (2019) ont à leur tour trouvé que dans le Sud-Kivu rural, la pression démographique, les fluctuations de prix alimentaires et les crises sociopolitiques sont parfois les facteurs à l'origine de la faible production agricole et de l'insécurité alimentaire dans des villages.

Pendant que certains chercheurs considèrent la limitation de la forte croissance démographique comme une condition indispensable au développement de l'agriculture africaine (Dumont, 2012), d'autres ont estimé que l'augmentation de la population rurale était un facteur favorable à l'intensification de la production agricole si la densité de la population est faible (Boserup et al., 1993).

Les secondes contraintes sociopolitiques identifiées par les paysans sont entre autres : le non-encadrement des petits agriculteurs (115 sur 384 enquêtés soit 29,9 %), le non-accès aux crédits agricoles (12,2 %) ainsi que la non-implication de l'administration du territoire et de la chefferie dans les activités agricoles (42 sur 384 soit 10,9 %).

Nos enquêtés ont confié que la majorité des paysans agriculteurs du territoire de Kabare n'accèdent pas aux crédits agricoles, comme conséquence : la faible production agricole. C'est un nombre très réduit qui bénéficie de l'accompagnement de l'INERA et de quelques organisations paysannes locales, 83,1 % des paysans enquêtés ne tirant pas profit de l'accompagnement institutionnel de l'administration territoriale, de la chefferie et des groupements.

Certains chercheurs ont appuyé ces résultats ci-haut présentés. Ainsi, Kabamba et al., 2017 ; ont démontré à leur tour que les petits agriculteurs de l'Afrique subsaharienne accèdent difficilement aux moyens humains et matériels nécessaires leur permettant de maximiser la production agricole.

Il s'observe donc l'absence d'un cadre institutionnel adéquat pour la réalisation de l'activité agricole, pourtant ce dernier est censé définir, orienter, coordonner, encadrer et éventuellement rectifier toutes les initiatives en faveur des petits agriculteurs.

Dans les villages au Sud-Kivu, plusieurs paramètres sociaux sont à la base de la baisse de la production agricole et de surcroît source de l'insécurité alimentaire des ménages. Il s'agit notamment du faible encadrement des paysans et de leur non-accès aux connaissances nécessaires, les inégalités dans la distribution des revenus et le problème d'accès aux financements des activités agricoles, ainsi que le faible capital social (Bucekuderwa et Mapatano, 2013).

En France, la faible participation de petits agriculteurs dans la gouvernance territoriale avait été à la base des faibles interactions entre agriculteurs et acteurs institutionnels. Cela a fait que les petits agriculteurs ne bénéficient pas d'un total encadrement institutionnel des pouvoirs publics. Face à cette faible capacité interactive, les petits agriculteurs se sont organisés en regroupements paysans afin d'améliorer leur production agricole (Laura et coll., 2018).

Les paysans du territoire de Kabare sont souvent incapables d'accéder à de nouvelles semences ainsi qu'à des moyens financiers et matériels pour soutenir leurs activités agricoles.

D'autres sont méfiants de crédits agricoles : emprunter est considéré comme étant indigne moralement. Pourtant, certaines études ont démontré que l'accès au crédit agricole par les agriculteurs constitue un instrument au service du progrès de l'agriculture et de la production agricole (Bonin, 2020 ; Brulé et coll., 2016 ; Assouto et al. 2020).

S'agissant de contraintes techniques, 27,6 % et 27,3 % de paysans ont respectivement soulevé la variation des indices agroclimatiques et l'espace très réduit des terres agricoles comme étant les contraintes techniques majeures auxquelles ils font face actuellement dans l'exercice des activités agricoles.

À Kabare, l'espace de terre agricole mise en valeur par chaque habitant a sensiblement diminué, actuellement à une moyenne de 453,4 m^2 et a entraîné une diminution de la production agricole.

Pour ce faire, le test de la corrélation linéaire de Pearson réalisé a affirmé même l'existence des relations positives et significatives au seuil de 1 % entre la quantité moyenne de production avec la dimension de terre mise en valeur ; et signifie que la quantité moyenne de la production augmente avec la dimension de terre exploitable (r = 0,276 ; prob = 0,000 et r = 0,176, prob = 0,001).

Ces résultats sont similaires à ceux de Mahamane Abdoul et coll. (2022) au Maroc ; de Nkankeu et al. (2010) au Cameroun qui prouvent que les morcellements des espaces agricoles, les différentes formes de la pression foncière sur les espaces agricoles, et la forte pression démographique étaient à la base de la dégradation du potentiel productif agricole de petits agriculteurs dans les communes urbaines de Konni au Maroc et de Bamboutous au Cameroun.

Ces études prouvent que la pression démographique sur les terres cultivables rares était à la base non seulement de la faible production agricole chez les petits exploitants, mais aussi une source des conflits socioculturels et de développement du phénomène « autochtones sans terre »).

Les recherches de Katcho et al., 2018 ; Barhalengehwa Basimine et al., 2018 ; Tukumbi, 2018 ; Gomgnimbou, et al., 2020, Siri, et al., 2015 ; Mbaye, 2008 ont été réalisées dans des contextes différents et prouvent en général qu'en ce XXIe siècle, le secteur agricole des pays de l'Afrique centrale, particulièrement de la RDC, est le principal vulnérable à la variabilité climatique avec des effets sur la production agricole.

Ces études soutiennent que la terre connaît actuellement des températures et précipitations variantes, une pluviométrie annuelle instable, des perturbations des saisons culturales, des périodes de sécheresse inattendues plus ou moins longues, etc., impactant négativement le rendement des cultures, la sécurité alimentaire et ont trouvé la variabilité des indices climatiques.

Les résultats de nos enquêtes indiquent que le manque de stocks au sein des ménages (180 enquêtés sur 384, soit 49,9 %) est le premier signe qui atteste aux paysans qu'ils expérimentent désormais une faible production agricole. 15,9 % et 8,9 % des enquêtés ont respectivement à leur tour confirmé la pauvreté et le faible pouvoir d'achat comme signes attestant la faible production agricole.

b. Rôle du capital social dans l'accroissement de la production agricole

Les analyses factorielles exploratoires en composantes principales ont mis en évidence que les paysans du territoire de Kabare doivent miser sur quatre dimensions pour parvenir à l'accroissement de la production. Il faut premièrement l'existence des obligations, attentes réciproques et normes de réciprocité entre les paysans dans les activités agricoles. Cette dimension du capital social occupe la première place de par les résultats obtenus avec 17,369 % de variance.

Deux facteurs ont été retenus à ce niveau comme pouvant stimuler la production agricole des paysans dans tous les sites de recherche notamment :

(i) l'implication de toutes les couches sociales de la population, à savoir : les leaders étatiques, paraétatiques et coutumiers, les hommes, les femmes et les jeunes, etc., dans les activités collectives des champs, (ii) et le renforcement des travaux collectifs de solidarité entre les membres des ménages paysans.

Dans tous les sites de recherche, il a été constaté que la faible production agricole a été fondamentalement liée à l'insuffisance des travaux collectifs de solidarité entre les membres des ménages paysans et la non-implication des services étatiques (administration du territoire, de la chefferie, etc.) dans les activités agricoles de production.

La recherche a démontré en suite que la production agricole dans le territoire de Kabare serait améliorée si les paysans acceptent de se faire une assistance mutuelle dans les activités de champs, mais aussi s'ils s'investissent dans les travaux communautaires visant l'accroissement de la production agricole.

Dans les trois sites de recherche, 31 % de sujets interrogés ont affirmé que les relations sociales d'entraide autour des activités agricoles de production et qui caractérisaient les gens sont actuellement faibles.

Les recherches antérieures menées ailleurs dans des contextes différents ont trouvé des résultats similaires et prouvent que la transformation des sociétés paysannes ne peut être possible que lorsque la cohésion sociale et la bonne communication existent entre les gens. Et que l'exercice des travaux collectifs des champs entre acteurs paysans peut rendre possible l'accroissement de la production agricole.

Ces recherches soutiennent également que là où les indicateurs du capital social sont évidents, les populations locales sont plus susceptibles d'être motivées à participer avec un véritable engagement à collaborer avec les acteurs institutionnels pour des initiatives qui conduisent à des changements durables dans l'agriculture (Wossen et al. 2015 ; Katungi et al., 2006 ; Rivera M. et al., 2018 ; Barhalengehwa et al., 2016 ; Mendras, 1995 ; Belloncle, 1979).

Troisièmement, des résultats présentés au tableau n° 16, il ressort que l'accroissement de la production agricole des paysans à travers le capital social dépend aussi de l'existence de normes et des sanctions effectives entre les groupes des paysans (agriculteurs) dans l'exercice de leurs activités agricoles.

L'analyse factorielle à composante principale met en évidence deux principaux facteurs fortement liés à cette dimension, notamment (i) l'accroissement de la production suite à l'entraide mutuelle entre les paysans, (ii) et par la capacité du système social (groupe) à contraindre les gens à développer l'esprit d'équipe dans l'exercice des activités des champs. 81,2 % des sujets enquêtés dans tous les sites d'enquête ont montré que l'accroissement de la production agricole étant le résultat d'un capital social fort et des activités collectives de champs obligatoires contribuerait à la sécurité alimentaire de leurs ménages.

Certains chercheurs ont prouvé que les systèmes de normes et de valeurs générés par les réseaux locaux des agriculteurs constituent des ressources cognitives qui facilitent la coordination de proximité entre eux et impactent positivement sur leur production agricole (Thomas et al., 2014).

Enfin, la dimension relative aux canaux de communication informels vient en dernière position avec 15,128 % de variance expliquée par facteur. Cette dimension soutient que les paysans du territoire de Kabare peuvent lutter contre la faible production pour ceux qui font les travaux individuels de champs à travers le partage rapide de l'information.

À cet effet, les chercheurs ont prouvé également que l'organisation des agriculteurs en réseaux de partage rapide des informations, l'adhésion à une association agricole de partage des informations et le développement des liens personnels leur permettent de maximiser la production agricole et d'élargir leur champ relationnel, culturel et financier (Latremouille, 2016 ; Pavel et coll., 2011 ; Sandra, 2005).

4.2.4. Prescriptions sociologiques suite aux défis qui entourent la production agricole à Kabare

Face aux différentes contraintes autour de la production agricole en territoire de Kabare, cette étude propose une politique sous forme des prescriptions sociologiques à différents acteurs :

• **Aux services étatiques :**

- De mettre en place une politique visant l'accroissement de la production agricole. Cela pourra se faire par la création des centres de formation des agricultures sur les nouvelles méthodes agricoles ;
- Disposer dans chaque village des services techniques et/ou agronomiques capables d'assister les paysans dans leurs activités agricoles ;
- Mettre en place un contrat de partenariat public-privé dans la mise en valeur des terres agricoles non exploitées ;
- Sécuriser toutes les zones agricoles, car l'insécurité ne pourrait pas permettre aux agriculteurs de vaquer paisiblement à leurs activités agricoles ;
- Assurer l'effectivité des lois portant protection foncière dans tous les sites d'enquêtes ;
- Exonérer les paysans de toutes taxes sur les productions agropastorales ;
- Assurer la subvention et l'encadrement des petits agriculteurs dans les activités agricoles ;
- Organiser des campagnes de diffusion de nouvelles semences et techniques agricoles adoptées aux conditions locales ;
- Etc.

• **Aux organisations non gouvernementales du ressort :**

- Multiplier les séances de formation spécifique agricole et sensibiliser tous les agriculteurs à y adhérer ;
- Fournir aux agriculteurs des intrants agricoles et évaluer l'impact de leur usage sur la productivité agricole,
- sensibiliser les agriculteurs à adhérer dans les coopératives agricoles et dans des organisations paysannes ;

- Faciliter aux petits agriculteurs l'accès à des crédits agricoles et élargir le délai de remboursement de ces derniers ;

- Fournir aux agriculteurs de nouvelles semences agricoles adoptées aux conditions locales et évaluer l'impact de leurs rendements à chaque fin de la saison culturale ;

- Etc.

• **Aux agriculteurs membres des ménages paysans :**

- Mettre à profit la formation donnée par les organisations paysannes en partenariat avec l'agriculture ;

- Adhérer dans des organisations paysannes du domaine agricole pour accéder à certains avantages qui y sont offerts ainsi qu'à un encadrement agricole ;

- Développer les activités collectives de champs en se faisant une confiance et entraide mutuelle ;

- S'organiser en réseaux locaux d'entraide, de partage des informations et des expériences ;

- Pratiquer la mise en jachère de la terre afin que la terre puisse se reconstituer ;

- Adopter des nouvelles techniques et semences agricoles adoptées aux conditions locales ;

- Etc.

Le quatrième et dernier chapitre de notre travail a passé en revue les différentes dimensions du capital social qui ont été retenues par les résultats de l'analyse factorielle en composante principale après épuration de l'échelle de mesure.

Il a tenté également à travers des analyses bivariées de tester l'existence de relations entre les variables sociodémographiques des enquêtés et certaines variables de l'étude.

Ainsi, pour stimuler la production agricole, les acteurs engagés dans les activités agricoles en territoire de

Kabare doivent : disposer d'un code social définissant les obligations et attentes réciproques entre les membres, promouvoir un encadrement des relations verticales, fixer des sanctions effectives pour tout membre qui ne se conforme pas à ce code de conduite et enfin, promouvoir le partage rapide de l'information entre tous les membres (l'existence des canaux de communication informels).

CONCLUSION GÉNÉRALE

La présente étude a porté sur le capital social et production agricole dans le territoire de Kabare au Sud-Kivu en République démocratique du Congo. Globalement, elle cherchait à démontrer comment un capital social fort peut contribuer à l'accroissement de la production agricole dans le territoire de Kabare.

Sur le plan opératoire, l'étude poursuivait trois objectifs, à savoir : (i) Analyser la dynamique du capital social et des actions collectives dans le processus de production agricole à Kabare ; (ii) Démontrer les contraintes sociopolitiques et techniques de la production agricole à Kabare ; (iii) Proposer des mécanismes sous forme des prescriptions sociologiques susceptibles de surmonter les différents obstacles dans le système de production agricole à Kabare.

Pour atteindre ces objectifs, l'étude s'est tissée autour de quatre chapitres.

Le premier traitant sur les fondements épistémologiques de l'étude et est subdivisé en trois grandes sections. La première a trait sur le cadre conceptuel de l'étude, la seconde sur le cadre méthodologique et la troisième sur le cadre théorique de l'étude.

La discussion conceptuelle a été assise sur deux concepts fondamentaux, notamment les concepts de : capital social et de production agricole. Nous avons discuté aussi les concepts apparentés à cette étude, notamment celui d'action collective.

La construction théorique avait comme soubassement la théorie du capital social telle que développée par Pierre Bourdieu et complétée par Robert Putnam. Quant à la balise méthodologique, elle a été consacrée aux méthodes d'analyse et on y a décrit la démarche méthodologique qui a été suivie pour la vérification empirique dans la collecte, le traitement et l'analyse des données recueillies.

De ce fait, l'analyse factorielle en composante principale, les tests de coefficient de corrélation et de régression de Pearson, l'ANOVA1 facteur ainsi que le khi-deux ont été retenus pour analyser la relation entre différentes variables de l'étude. Pour ce faire, les enquêtes par questionnaire auprès de 384 paysans, des entretiens et de la documentation ont été mobilisés pour collecter les données de cette étude.

Le deuxième chapitre, à son tour, a porté sur l'analyse des contraintes sociopolitiques dans le système de production agricole dans le territoire de Kabare, et a été subdivisé en deux grandes sections. La première a passé en revue la diversité de cultures et la production agricole dans tous les sites d'enquête et la deuxième sur l'analyse proprement dite de principales contraintes autour de la production agricole à Kabare.

Au bout de ce chapitre, il a été démontré que dans le territoire de Kabare, les paysans récoltent souvent sur de petites surfaces de production avec des moyens techniques et humains très limités, pratiquent l'agriculture de subsistance jusqu'à plus de 80 % de la population. La dimension de terre agricole mise en valeur par chaque paysan s'élève à une moyenne de 453,4 m^2 dans tous les sites d'enquête.

Suite à des contraintes multiples, ces paysans ne pratiquent plus une seule culture, mais plutôt une diversité de cultures sur un espace agricole très limité ; et la production moyenne de ces dernières varie selon l'espace de terre agricole mise en valeur par chaque paysan.

Pour ce faire, le test de la corrélation linéaire de Pearson réalisé a affirmé l'existence des relations positives et significatives au seuil de 1 % entre la quantité moyenne de production avec la dimension de terre mise en valeur ; et signifient que la quantité moyenne de la production augmente avec la dimension de terre exploitable (r = 0,276 ; prob = 0,000 et r = 0,176, prob = 0,001).

Dans cette même perspective, les résultats de l'estimation du modèle ont confirmé l'existence d'une relation positive et significative au seuil de 1 % entre la quantité moyenne de production et la dimension de terre mise en valeur.

Autrement dit, les résultats de la régression ont prouvé que la production moyenne de chaque paysan est fonction de la dimension de terre mise en valeur par ce dernier.

Également, les résultats de l'étude ont démontré que la forte densité démographique accompagnée par le processus d'accaparement des terres (121 sur 384 personnes enquêtées soit 31,5 %) est la principale contrainte sociopolitique autour de la production agricole.

Les secondes contraintes sociopolitiques identifiées par les paysans sont entre autres : le non-encadrement des petits agriculteurs (115 sur 384 enquêtés soit 29,9 %), le non-accès aux crédits agricoles (12,2 %) ainsi que la non-implication de l'administration du territoire et de la chefferie dans les activités agricoles (42 sur 384 soit 10,9 %).

Nos enquêtés ont confirmé que la majorité de paysans agriculteurs du territoire de Kabare n'accède pas aux crédits agricoles, comme conséquence : la faible production agricole. En suite, 27,6 % et 27,3 % de paysans ont respectivement soulevé la variation des indices agroclimatiques et l'espace très réduit des terres agricoles comme étant des contraintes techniques majeures auxquelles ils font face actuellement dans l'exercice des activités agricoles.

Le troisième chapitre quant à lui s'est accentué sur la description de l'état actuel et des actions collectives autour des activités agricoles de productions à Kabare. Il est subdivisé en deux grandes sections comportant des sous-sections. Au bout de ce chapitre, il a été démontré que dans le territoire de Kabare, l'état actuel du capital social et des actions collectives est faible.

Certains de nos enquêtés ont soutenu qu'ils ne se sentent plus en sécurité dans l'exercice des travaux collectifs de champs, et d'autres ont montré qu'ils ne se sentent pas intéressés par les travaux collectifs de champs.

Nos enquêtes ont trouvé que l'affaiblissement des relations sociales autour des activités agricoles de production dans le territoire de Kabare est expliqué par la perte de la confiance entre les paysans (119 personnes sur le 384 soit 31 %), le manque des objectifs communs entre agriculteurs (29,9 % soit 30 %) ainsi que les mouvements migratoires internes et externes (80 personnes sur 384 soit 20,8 %), etc.

Il s'est dégagé également que le rôle de l'administration de la chefferie et du territoire dans l'encadrement des agriculteurs et la définition d'une politique locale visant l'accroissement de la production agricole ne sont pas significativement ressentis par les paysans du territoire de Kabare.

Sur 384 personnes interrogées à ce sujet, 83,1 % ont affirmé qu'elles ne reçoivent jamais une quelconque assistance de l'administration du territoire et de la chefferie dans l'exercice de leurs activités agricoles.

Cependant, nos enquêtes ont prouvé que suite à la faible production agricole qu'ils expérimentent, certains paysans du territoire de Kabare sont actuellement organisés en regroupements sociaux afin de rechercher des solutions à certaines de leurs difficultés de survie et/ou d'amélioration de leurs activités agricoles.

Sur 384 personnes enquêtées, 67,2 % ont soutenu qu'elles sont actuellement membres d'une organisation paysanne locale. Cette appartenance à un réseau d'organisation locale suscite le renforcement de la solidarité, l'échange rapide des informations entre les organisations paysannes locales et les paysans.

Eu égard à ce qui précède, nous avons testé les variables « appartenances à une organisation paysanne, type d'innovation bénéficié et la capacité d'accroître la production agricole ». Des résultats de ce test du khi-deux renseignent qu'il existe une association significative entre l'appartenance à une organisation paysanne, le type d'innovation bénéficié et la capacité d'accroître la production agricole de paysans du territoire de Kabare (Khi-deux = (56,906 ; prob = 000).

Enfin, le quatrième et dernier chapitre s'est appesanti sur le rôle du capital social dans l'accroissement de la production agricole à Kabare, et est subdivisé en trois grandes sections. La première section porte sur la présentation de caractéristiques des enquêtés et analyse bivariée, la deuxième sur le renforcement du capital social pour l'accroissement de la production agricole à Kabare, enfin la troisième et dernière section de ce chapitre a porté sur la discussion des principaux résultats et prescriptions sociologiques.

Les résultats des analyses statistiques ont révélé l'existence de relations entre certaines variables de l'étude. Ainsi, il a été trouvé une corrélation positive et significative (à 5 %) entre l'occupation professionnelle et le niveau socio-économique des sujets enquêtés (r = 0,112, prob. = 0,028).

Les résultats de l'estimation ont relaté que lorsque les membres des familles paysannes sont à revenus importants, ils répartissent pertinemment des ressources des exploitations agricoles rentables. Et cela leur permet de couvrir significativement les risques inhérents aux activités de production agricole.

Aussi, les résultats de ce chapitre ont démontré sur base de données empiriques de l'enquête comment à travers les ressources sociales, les paysans du territoire de Kabare peuvent contribuer à l'accroissement de la production agricole dans un contexte de fragilité agricole.

Les résultats du test de fiabilité de l'échelle de mesure retenue ont dégagé un Alpha de Cronbach acceptable et valide de 0,609 ; et les résultats de l'analyse factorielle exploratoire en composante principale ont dégagé un KMO > 0,5 et p-value du test de significativité de Bartlett significatif au seuil de 5 %.

Pour ce qui est du nombre de composantes à retenir, après épuration de l'échelle de mesure, quatre composantes (dimensions/facteurs) ont été retenues sur base de plusieurs critères (Eigen Value/valeur propre > 1 ; communalité > 0,5 ; poids factoriels > 0,5 et l'item ne doit pas être fortement corrélé à plus d'une dimension).

De ce fait, quatre dimensions du capital social actuel autour des activités agricoles de production ont été retenues dans tous les sites d'enquête, à savoir : (i) les obligations, attentes réciproques et encadrement des relations verticales, (ii) l'existence de normes et des sanctions effectives dans la communauté, (iii) les interactions et relations sociales d'entraide entre les acteurs sociaux, (iv) et enfin, l'existence des canaux de communication informels.

Pour ce faire, pour stimuler la production agricole dans le territoire de Kabare, les paysans doivent jouer sur plusieurs aspects décrits par ces dimensions.

Il s'agit (i) de l'implication de toutes les couches sociales de la population à savoir : les leaders étatiques, paraétatiques et coutumiers, les hommes, les femmes et les jeunes, etc., dans les activités collectives de champs ; (ii) le renforcement des travaux collectifs de solidarité entre les membres des ménages paysans ;

(iii) l'entraide mutuelle entre les paysans, (iv) la capacité du système social (groupe) à stimuler l'esprit d'équipe auprès des individus qui travaillent en privé les activités des champs ;(v) ainsi que le partage rapide de l'information entre les paysans réunis en regroupements paysans, etc.

Les résultats de la présente étude nous permettent de nuancer notre troisième hypothèse et d'affirmer la première et seconde hypothèse, car, globalement, le capital social des agriculteurs a des effets positifs sur la production agricole de ces derniers.

Cela dit, les résultats obtenus de cette étude nous ont poussés à adresser des prescriptions sociologiques sous forme de recommandations à l'endroit des animateurs des services étatiques, aux agriculteurs membres des ménages paysans et aux organisations non gouvernementales locales du secteur agricole œuvrant dans les sites d'enquête.

RÉFÉRENCES BIBLIOGRAPHIQUES

- ACF. (2012). *Enquête nutritionnelle anthropométrique dans la zone de santé de Kabare,* Rapport, URL : https://www.actionagainsthunger.org , consulté le 14 janvier 2023, à 14 h 30 min

- Aksanti Cirhibuka, D et Barhalengehwa Basimine, J. (2022). *Érosions, adoption des innovations agricoles et sécurité alimentaire : Pour quelles incidences à Kabare ?*, Paris, L'Harmattan, ISBN : 978-2-8061-0403-8.

- Alain, D. (2004). « *Mise en œuvre empirique de la notion de capital social : définitions et exemples* », Acte de colloque organisé par GRIS, Université de Rouen, Département de Sociologie, N° 10, pp. 45-67.

- Angeon, V et Callois J-M. (2005). « Fondements théoriques du développement local : quels apports du capital social et de l'économie de proximité », *Journals.openedition.org*, pp. 19-50, URL: https://doi.org/10.4000/ei.890, consulté le 13 avril 2023 à 1 h 27 min

- *Annuaires statistiques du ministère de l'Agriculture* (2018), RDC.

- *Archives du Bureau de l'État civil du territoire de Kabare* (2020).

- Assouto, B-A et Houngbeme Dewanou J-L. (2020). *Accès aux crédits et productivité agricole : Évidence auprès des producteurs de maïs au Bénin*, Cotonou, LARFFID, Université d'Abomey-Calavi.

- Banque mondiale. (2003). *L'agriculture durable : un moyen efficace de réduire la pauvreté en milieu rural de manière écologiquement et socialement rationnelle,* ADR, Rapport.

- Barhalengehwa Basimine, J et Sanginga, P. (2016). « Capital social et gouvernance des ressources naturelles collectives au Bushi dans le contexte post-conflit », *Vertigo, la revue électronique en sciences de l'environnement,* consulté le 09 avril 2023. URL : http://vertigo.revues.org/13863 , DOI : 10.4000/vertigo.13863.

- Barhalengehwa Basimine, J ; Ketch Karume, C. (2016). « Action collective et relance de l'agriculture à petite échelle dans le Kivu montagneux post-conflit à l'est de la République démocratique du Congo », *International Journal of Innovation and Applied Studies,* ISSN 2028-9324, vol. 16 No. 4 Jun. 2016, pp. 922-935, URL: http://www.ijias.issr-journals.org/, consulté le 13 mai 2023 à 22 h 30 min

- Barhalengehwa Basimine, J. (2014). *Capital social et gouvernance des ressources naturelles*, Saarbrücken, Éditions universitaires européennes.

- Barhalengehwa Basimine, J. (2022). *Méthodes d'analyse quantitative en Sociologie*, FSSPA, L2 sociologie, UOB, Notes inédites.

- Belloncle, G. (1979). *Le chemin des villages*, Paris, L'Harmattan.

- Biroux, A et Antoine, C. (2007). *Dictionnaire de Sciences économiques*, 3e Édition, Armand Colin, Paris.

- Bonin, H. (2020). « Les crédits agricoles au service des paysans », *Cairn.info*, n° 12, Vol. 3, pp. 65 à 77.

- Boserup, E et Chambers, R. (1993). The conditions of agricultural growth: The economics of agrarian change under population pressure, New York.

- Boudon, R et Brow, B. (2003). *Dictionnaire de sociologie,* Paris, Ed. La Rousse, Première Édition.

- Brow, P. (2015). *Manuel de Sociologie politique*, Paris, 12e éd : PUF.

- Brule, F ; Dupaigre, F.-B. ; Fouquet, M-J ; Roziere, C. (2016). « Le crédit à l'agriculture, un outil-clé du développement agricole », *Cairn.info*, vol. 3 et 4, n° 124, pp. 35-52.

- Buchekuderhwa, C et Mapatano, S. (2013). « Comprendre la dynamique de la vulnérabilité à l'insécurité alimentaire au Sud-Kivu », *Vertigo open édition journal*, URL: https://doi.org/10.4000/vertigo.13819, consulté le 9 avril 2023 à 13 h 37 min
- Buchekuderwa, C. (2006). *Pour une politique rizicole en faveur d'un développement rural intégré au Sud-Kivu*, Bukavu, CUD/LEAD, UCB.
- Campenhoudt, V. L. ; Marquet. J et Quivy, R. (2001). *Manuel de Recherche en Sciences sociales, 5e édition*, Paris, Ed. Dunod.
- Carbonnois, J ; et Andreu, B. (2014). « L'intensification des pratiques agricoles et la mobilisation des ressources naturelles dans le Pampa du Sud du Brésil », *Revue Vertigo en sciences de l'environnement,* Vol. 14, n° 1, URL : https://doi.org/10.4000/vertigo.14590, consulté le 8 octobre 2022 à 14 h.
- Cellule d'Analyses des Indicateurs de Développement « CAID ». (2016). Rapport, https://www.caid.cd , consulté le 15 avril 2023 à 17 h.
- Charlier, J-E et Campenhoudt, L-V. (2014). *Quatre méthodes de recherche en sciences sociales. Cas pratiques pour l'Afrique francophone et le Maghreb*, Paris, Dunaud, 2014.
- Chevalier, J et Bucles, D. (2008). *Guide sur la recherche collaborative et l'engagement social*, Paris, Ed. ESKA.
- Cikuru, M-N ; Makuta Mwambusa, P ; et Barhalengehwa Basimine, J (2018), *« Vers un modèle de gestion collective des risques environnementaux dans les milieux ruraux du Sud-Kivu à l'est de la RDC »*, L'Harmattan.
- Courtney Gallaher, Met Karanja, N. (2013). « Urban agriculture, social capital, and food security in the Kibera

slums of Nairobi, Kenya », *Agriculture and human,* values 30, pp. 389-404.

- Daoudi. A; Colin. J-P; Alaeddine. D ; Lamine Ouendeno. M. (2015). Mise en valeur agricole et accès à la propriété foncière en steppe et au Sahara, Algérie, *Cahiers du Pôle foncier*, N° 13, pp. 5-27

- Dixon, J et Aidan, G. (2001). *Système de production agricole et pauvreté*, Washington, Street.

- Doubar, J. (2012). *Augmenter la productivité agricole : l'ampleur du défi*, New York, Ed. FARAM.

- Dumont, R. (2012). *L'Afrique noire est mal partie*, Paris, Seuil.

- Ekou Nuama, F. (2006). « Mesure de l'efficacité technique des agriculteurs de cultures vivrières en Côte d'Ivoire », *Économie rurale*, Vol. 296, pp. 39-53, URL : https://doi.org/10.4000/economierurale.1892, consulté le 6 oct. 2023 à 18 h 13 min

- Esiso Asia-Amani, F. (2014). *Manuel de méthodologie de recherche en sciences sociales*, Kisangani, IRSA.

- FAO (2001). *Statistique et Genre Recensements agricoles : Orientations pour une Révision des Concepts et de Méthodologie*, Rome [en ligne : https://www.fao.org, consulté le 28 août 2023, à 19 h 51 min].

- FAO, Min Agriculture, DRC et Pam. (2018). *Sécurité alimentaire, niveau de production agricole et animale : Évaluation de la campagne agricole 2017-2018 et bilan alimentaire du pays*, Rapport.

- FAO. (2017). Coûts de production agricole : Coûts de la terre Formation sur les statistiques de coût de production agricole, Rapport, disponible sur *https://www.fao.org/ /3/ca6604fr/ca6604fr.pdf*, consulté le 06/11/2023 à 19 h 44 min

- Fillieule, O et Pêchu, C., *Lutter ensemble : Les théories de l'action collective*, Paris, L'Harmattan, 1993.

- Fouquet, E (1999). Dictionnaire Hachette : Encyclopédie illustrée, Paris, Ed. Cedex.
- Franke, S. (2005). *La mesure du capital social*, Québec, PRP, Document de référence pour la recherche, l'élaboration et l'évaluation de politiques publiques.
- Freyssinet Dominjon, J. (1997). *Méthodes de recherche en Sciences sociales*, Montchrestien.
- Gachia, F. (2015). *Les statistiques agricoles*, Dakar, Ed. ENSAE.
- Gafsi, M. (2006). « Exploitation agricole et agriculture durable », *Cahiers Agricultures*, vol. 15, n° 6, pp. 491-497.
- Gomgnimbou, A. P. ; Sanon, A ; Bandaogo, A. A ; Batieno, A et Nacro, H.B. (2020). « Perceptions paysannes du changement climatique et stratégies d'adaptation en riziculture pluviale de bas fond dans la région du plateau central du Burkina Faso », *revue J. Rech. Sci. Univ. Lomé (Togo),* n° 22, Vol. 1, pp. 23-36.
- Goossens, F. (1996). *Cassava production and marketing in Zaïre, Bruxelles*, Leuven University Press.
- Hernandz, V et Phélinas, P. (2012). « Débats et controverses sur l'avenir de la petite agriculture », *cairn.info*, n° 62, vol. 3, 2012, pp. 3-16.
- Hiriko Amemiya, F. (2015). « La longue marche de l'agriculture familiale au Japon », *Revue Tiers Monde (Cairn. info)*, vol. I, n° 221, pp. 107-108.
- Issoufou, O.H et Boubacar, S. (2017). Les *déterminants de l'adoption et impact des variétés améliorées sur la productivité du mil au Niger,* Niamey, ACSS.
- Jouve, P. (2006). « Transition agraire : la croissance démographique, une opportunité ou une contrainte du développement agricole et rural ? », *Afrique contemporaine*, vol. I, n° 217, pp. 43-54, disponible sur cairn.info, URL : https://doi.org/10.3917/afco.217.54, consulté le 14 août 2023 à 14 h 50 min

-Kabamba Mbambu, F. et Jaecke, G. (2017). *Les filières agricoles en République démocratique du Congo : Maïs, riz, banane plantain et pêche*, Kinshasa, Médiaspaul.

-Kapagama, P. (2022). *Séminaire des Questions spéciales de Sociologie, approfondie des Mouvements sociaux*, DEA/UOB, FSSPA.

-Kashangabuye, J-P ; Bahananga, M ; Basengere, E et Ramanarivo, S. (2019). « Analyse de la situation alimentaire au sein des ménages du Sud-Kivu montagneux en République démocratique du Congo », *International Journal of Innovation and Applied Studies*, vol. 26, N° 2, pp. 503-525, ISSN 2028-9324.

-Katcho Karume, C ; Yona Rubaduka, S ; Bora, F et Nfundiko, C. (2018). *Changement climatique, sécurité alimentaire et aptitudes des terres au Sud-Kivu à l'Horizon 2050*, Paris, L'Harmattan.

-Kate, S ; Teka1, O ; Chabi, R. B. et Djikpo, J. (2017). « La simulation du climat futur et des rendements agricoles en région soudano-sahélienne en République du Bénin », *African Crop Science Journal,* Vol. 25, No. 4, pp. 405–417.

-Katungi, E. M ; Edmeades, S, et Smale, M. (2006). « Gender, social capital and information exchange in rural Uganda », *Capri Working paper,* No. 59, pp. 205-302.

-Khadidja. B ; Daoudi. À et Colin J-P. (2021). La politique de mise en valeur des terres arides en Algérie : une lecture en termes d'équité, Algérie, *Cahiers Agricultures*, N° 04, Vol. 30, URL : https://doi.org/10.1051/cagri/2020038, consulté le 06 novembre 2023 à 19 h 23 min

-Komareki, A et Siwa Msangi, M. (2021). « Effect of changes in population density and crop productivity on farm households in Malawi », *Agricultural Economics*, vol. 50, Issue 5, pp. 615-628, URL:

https://doi.org/10.1111/agec.12513, consulté le 15 août 2023 à 10 h 55 min
- Lallement, M. (2004), *« Capital social et théories sociologiques »*, Acte de colloque organisé par GRIS, Université de Rouen, Département de Sociologie, n° 10.
- Latremouille, L. (2010). « Agir collectivement pour une agriculture paysanne écologique et durable », *Revue Possibles*, Volume 34. N° 1-2, pp. 404-419, Montréal.
- Laura, M ; Soulard, C-T et Chia, E. (2018). « Comprendre la faible participation des agriculteurs à la gouvernance territoriale », *European journal of social sciences*, vol. I, n° 56, pp. 113-142, URL: https://doi.org/10.4000/ress.4007, consulté le 14 août 2023, à 16 h 37 min
- Levesque, M et Deena, W. (1999). « Le concept de capital social et ses usages », *Lien social et politiques*, n° 41, pp. 23-33, DOI : https://doi.org/10.7202/005514ar.
- Lewis, A. W. (1954). Economic Development with Unlimited Supplies of Labour. *Manchester School of Economic and Social studies, 22*, 139-191.
- Lewis, A. W. (1954). Economic Development with Unlimited Supplies of Labour. *Manchester School of Economic and Social studies*, Vol. 22, n°139-191.
- Linck, T. (2014). *Terrain Maroc Action collective, intensification écologique et gouvernance écosystémique*, Ed. HAL, disponible sur *https://hal.inrae.fr/hal,*2014.
- Littré. (1883). *Dictionnaire Littré de la langue française.*
- Logistic Cluter et WFP. (2019). *Province du Sud-Kivu, territoire de Kabare : Carte générale de planification logistique*, Rapport, [En ligne : https://reliefweb.int/map/democratic-republic-congo-

/drc-province-du-sud-kivu-territoire-de-kabar ; consulté le 18 avril 2023, à 17 h 23 min].
-Lourme-Ruiz, A ; Dury, S et Prevel, M-Y. (2022). « Consomme-t-on ce que l'on sème ? Relations entre diversité de la production, revenu agricole et diversité alimentaire au Burkina Faso », *Revue Cah. Agric.2016, 25, 650001*, URL: www.cahiersagricultures.fr. , consulté le 12 sept. 2022 à 16 h.
-Ludovic Moustier, P. (2004). « Les fonctions et contraintes de l'agriculture périurbaine de quelles villes africaines », *Cahiers Agricultures*, vol. I, n° 13,2004, pp. 15-22.
-Mahamane Abdoul-Kader, M et Dambo La Wali, J. (2022). « Pression foncière et les nouvelles normes d'accès à la terre dans la commune urbaine de Konni : Enjeux et perspectives », *Espace géographique et sociétés marocaines*, vol. I, n° 62, 2022, pp. 205-318.
-Mahindo, A. (2010). Cours d'*analyse des politiques publiques*, Université de Goma, FSSPA, L1 Sciences politiques et administratives.
-Makala, P. N. (2009). Politiques publiques et gestion du secteur agricole et rural en République démocratique du Congo. *Kinpress*.
-Madras, H. (1995). *Les sociétés paysannes*, Paris, Gallimard.
-Maniriho, A. (2021). Productivité, efficience et profitabilité des petites exploitations agricoles dans la région des sols de laves au Rwanda, *Cahiers Agricultures,* n° 241.
-Mbaye, D. (2008). *Agriculture et changement climatique au Sénégal : les réponses à la recherche*, Dakar, IRSA.
-Mbaye, D. (2008). *Agriculture et changement climatique au Sénégal : les réponses à la recherche*, Dakar, Ed. IRSA.

-Mekuria Wuleta, J. (2018). « The link between agricultural production and population dynamics in Ethiopia »,
A review. Adv Plants Agriculture Research, Vol. 4, n° 8, pp. 348-353, DOI: 10.15406/apar.2018.08.00336.
-Michel, B, C et Bruno, D. (2012). « Disponible alimentaire et productivité agricole en Afrique subsaharienne : Une approche dynamique comparative entre 1961-200 », *Cahier Agricultures*, vol. 21, n° 85, 2012, DOI : 10.1684/agr.2012.0589.
-Mudinga, E. (2021). *Insécurité foncière en RDC. L'accaparement des terres dans la province du Sud-Kivu : expériences paysannes*, Bukavu, CERACOG, Rapport [En ligne : https://www.cetri.be/IMG/pdf et_foncier_rdc2.pdf, consulté le 07 octobre 2023 à 13 h 30 min
-Mufungizi, M ; Cikuru, J et Mugisho, J-P. (2019). *Problématique de l'innovation agricole dans le territoire de Kabare*, Saarbrücken, Éditions universitaires européennes.
-Naja Djombo, J.-M., *Capital social, capital humain et efficacité technique dans le secteur agricole au Cameroun,* Yaoundé, Centre d'études et de recherches en Économie et gestion, Université de Yaoundé II, Rapport de recherche du FR-CIFA, n° 28/12, juin 2012.
-Ndjadi, S ; Ahoton, E ; Kizungu, R ; Saidou, A ; Mugumaarhahama. (2021). « Évaluation de la durabilité des exploitations maraîchères au Sud-Kivu », *Revue Cahiers Agricultures/EDP Sciences*, vol. 15, n° 30, [En ligne : https://doi.org/10.1051/cagri/2020050, consulté le 07 octobre 2023 à 11 h 20 min].
-Nkankeu, F et Bryant, C. (2010). *Regards multidisciplinaires des conflits fonciers et leurs impacts socio-économico-politiques au Cameroun*, Québec, Ed. de l'Université de Montréal.

-Nyaluhaze, V et Barhalengehwa Basimine, J. (2012). Capital social et gouvernance des ressources naturelles collectives dans les sociétés post-conflits, cas du Bushi à l'est de la République démocratique du Congo, *annales des sciences de l'homme et de la société*, Ed. de l'Université Officielle de Bukavu, Vol. I, n° 1, 2012.
-Nyongesa Nato, G ; Halimu N Shauri, S & Tunje Kadere, T. (2016). « Influence of social capital on adoption of agricultural production technologies among beneficiaries of Africa Institute for capacity development training programs in Kenya », International Journal of Social Science and Technology, Vol. 1, No. 1, pp. ISSN: 2415-6566.
-Nyumbaiza Ntambwe, A. (2018). « Périurbanisation de la ville de Lubumbashi et l'émergence de l'agriculture périurbaine : Conditions de sa résilience », Paris, *Academia-L'Harmattan,* ISBN : 978-2-8061-0403-8.
-Pavel, D. et Spěšnā, A. (2011) « What is the importance of social capital in Czech agriculture: Analysis of selected components », *Agricultural Economics*, Vol. 57(6), pp. 279-287.
-PNUD et de PAM. (2005). *La pauvreté en République démocratique du Congo*, Rapport.
-Ponthieu, S. (2006). *Le capital social*, Paris, La Découverte.
-*Rapport annuel sur le recensement de la population congolaise et étrangère en territoire de Kabare*, 2016.
-*Rapport annuel sur le recensement de la population congolaise et étrangère en territoire de Kabare*, 2016.
- Rivera M, Karlheinz Knickel, J. Maria Diaz-Puente et Afonso A (2018). « The Role of Social Capital in Agricultural and Rural Development: Lessons Learnt from Case Studies in Seven Countries », *Mediterráneo Económico*, vol. 24, 2013, pp. 155–170, June 2018, URL: https://doi.org/10.1111/soru.12218.

-Robert, P. (2000). *Bowling Alone: The Collapse and Revival of American Community,* New York, and Princeton University Press.
-Schultz, T. (1964). Transforming traditional Agriculture, *The Economic journal,* vol. 74, n° 296, pp. 996-999.
-Tukumbi Ramazani, G. (2018). *Action publique de gestion durable des risques et catastrophes naturelles et d'origine anthropique en République démocratique du Congo*, Paris, L'Harmattan.
-Van De Velde, C. (2013). *Que sais-je ? : Les 100 mots de la sociologie*, Paris, PUF, ISSN : 2108-6915.
-Vaquiez, P-F et Franck, T. (2014). « Coopération agricole de production : quand l'activité agricole se distribue entre exploitation et action collective de proximité », *Revue EDP Sciences,* vol. 12, n° 3, pp. 88-116, URL: https://www.edp-open.org. consulté le 30 mai 2023 à 16 h 30 min
-Vwima Ngezirabona, S et Rushigira, C. (2020). « Problématique de l'intégration de l'agriculture du Sud-Kivu à la RDC dans la CPGL », *Repères et Perspectives économiques* », Vol. 4, Numéro spécial, pp. 18-40, URL : https://revues.imist.ma/index.php/rpe/article/view/23798, consulté le 02 août 2023 à 12 h 30 min
-Vwima Ngezirabona, S et Rushigira, C. (2020). « Problématique de l'intégration de l'agriculture du Sud-Kivu à la RDC dans la CPGL », *Repères et Perspectives économiques* », Vol. 4, Numéro spécial, pp. 18-40, URL : https://revues.imist.ma/index.php/rpe/article/view/23798, consulté le 02 août 2023 à 12 h 30 min
-Winter, P et Cavatassi, R. (2006). « Sowing the seeds of social relations: The role of social capital in crop

diversity », *Agricultural and Development Economics Division*, ESA Working paper n°. 06, vol. 16, pp. 65-88.
- Wossen, T., Berger, et Di Falco, S. (2015). « Social Capital, risk preference and adoption of improved farm land management practices in Ethiopia », *Agricultural Economics*, n° 46, pp. 81-97.
- Yai, E., Biaou, G., et Floquet, A. (2020). Productivité agricole et sécurité alimentaire des ménages agricoles au Bénin : Approche des orthodoxes, *International journal of innovation and scientific Reseach*, vol. 4, n° 12, pp. 101-115.

TABLE DES MATIÈRES

Structures éditoriales du groupe L'Harmattan

L'Harmattan Italie
Via degli Artisti, 15
10124 Torino
harmattan.italia@gmail.com

L'Harmattan Hongrie
Kossuth l. u. 14-16.
1053 Budapest
harmattan@harmattan.hu

L'Harmattan Sénégal
10 VDN SICAP AMITIE 3
BP 45034 Dakar-Fann
direction@senharmattan.com

L'Harmattan Cameroun
Tsinga/Derrière polyclinique FECAFOOT
BP 11486 Yaoundé
Jacques.koukam@harmattan.fr

L'Harmattan Burkina Faso
Villa 281, secteur 23 623, rue 14.32
Ouagadougou
zagbie@outlook.fr

L'Harmattan Guinée
Almamya, rue KA 028 OKB Agency
BP 3470 Conakry
harmattanguinee@yahoo.fr

L'Harmattan RDC
185, avenue Nyangwe
Commune de Lingwala - Kinshasa
matangilamusadila@yahoo.fr

L'Harmattan Congo
219, avenue Nelson Mandela
BP 2874 Brazzaville
deunovmikhael@gmail.com

L'Harmattan Mali
Immeuble Mgr Jean Marie Cissé
Aci Hamadallaye
BP 145 Bamako
syllaka@yahoo.fr

L'Harmattan Togo
Djidjole – Maison Amela
face EPP BATOME
02 BP 20680 Lomé
didieramela11@gmail.com

L'Harmattan Côte d'Ivoire
Résidence Karl – Cité des Arts
Abidjan-Cocody
03 BP 1588 Abidjan
harmattan.ivoire@gmail.com

L'Harmattan Bénin
Rue 604, (Immeuble à l'entrée
de la rue UCAO- Cite de Saint-Jean)
Cotonou
stepcorpus@gmail.com

Nos librairies en France

Librairie internationale
16, rue des Écoles
75005 Paris
librairie.internationale@harmattan.fr
01 40 46 79 11
www.librairieharmattan.com

Librairie des savoirs
21, rue des Écoles
75005 Paris
librairie.sh@harmattan.fr
01 46 34 13 71
www.librairieharmattansh.com

www.ingramcontent.com/pod-product-compliance
Lightning Source LLC
LaVergne TN
LVHW021211061026
849535LV00008B/2678
9782336546032